Ajtony Csaba

Beszélgetések Budával

„Az élet észrevehetetlen mindennapos csodák
szakadatlan sora." - Carson McCullers

Első kiadás

CYBINV CONSULTING Kft.
Budapest, 2017.
ISBN 978-963-12-7950-4

Tartalom

Előszó....................4
Kiskarácsony....................5
Metróhuzat....................21
A vándor....................28
Tisztítótűz....................33
Beszélgetések Budával....................37
A beavatás....................40
Az ösvény....................47
Létszomj....................54
A mágus....................60
Boldogság....................65
Az örökkévalóság hullámai....................69
Cseresznyefa virágzás....................70
Ajánló....................71

Előszó

Régóta meg szeretett volna születni ez a könyv általam. A megszerzett élettapasztalat, gondolatok és érzések lassú csírázásnak indultak bennem és egy idő után egyre hangosabban követelték tőlem a testet öltést.

Eljött hát az idő, hogy hagyjam, hogy a gondolatok betűkké és szavakká váljanak a közvetítésemmel. Így jött létre ez a könyv, amit most a kezedben tartasz.

A könyvben keverednek a megtörtént események és a valós szereplők a fantázia világával, ezért bár a történeteket az élet szülte, java részük kitalált, meg nem történt história.

E helyen szeretném kifejezni hálámat, szüleimnek, felmenőimnek, mestereimnek, barátaimnak, ismerőseimnek, akik nélkül nem lennék most itt és nem lennék az aki vagyok!

Kiskarácsony

Alaposan megrázta a tél a szakállát, üvöltő szelek kapták fel magasba a hópelyheket, majd csapták oda hol dühödten, hol nevetve az emberekhez akik hazafele araszoltak a térdig érő hóban. Évtizedek óta nem volt ilyen hideg és nem hullott pár nap alatt ennyi hó, szinte teljesen leállt az élet a városban, havas utcák és házak között roskadozott a civilizáció. Szürkésen kavargó sötét fellegekről lidércesen verődtek vissza a város pislákoló fényei.

Szép kis karácsony – gondolta a lány magában, miközben zihálva küzdött meg minden lépéssel a combjáig érő hóban. Gyalog indult reggel dolgozni – a bányába, ahogy nevezte –, mert már akkor járhatatlanok voltak az utak, de estére a tömegközlekedés is összeomlott, sok helyen az áram is elment a leszakadó vezetékek miatt, csak a metró járt, védett föld alatti alagútjában. Tiszta víz volt a csizmája és a nadrágja mire a házához ért, szemöldökére és hajára vastag rétegben fagyott rá a hó. A kapunál megállt, már alig várta, hogy otthon legyen, a meleget és biztonságot adó falak között. Kinyitotta táskáját és hosszas keresgélés után meglelte a kulcscsomóját és bejutott a lépcsőházba.

A lakópark, ahol élt, a folyóparton volt és bár az ő háza épp távol esett a vízparttól és egy gazos rétre nézett, mégis szeretett itt lakni, mert úgy érezte itt a hozzá hasonlókkal lehet, azokkal akik vitték valamire, akik különbek mint az átlag, akik már hajnali hatkor a villamoson zötykölődnek és éhbérért dolgoznak, fillérekért adják el legfontosabb kincsüket, az idejüket és az életüket. Mindig is szeretett volna kitűnni, felhívni magára a figyelmet, magára irányítani mások szeretetét és elismerését. Mi értelme lett volna máskülönben a sok átvirrasztott éjszakának vizsgaidőszakban és a kemény hajtásnak a bányában, hogy elfogadják, elismerjék, ne csak nőként, hanem szakmájában profiként kezeljék. Nem szerette ha a munkahelyén „úgy néztek rá", dicsérték csinos alakját, kacér pillantását, amit azonban bátran használt ha a céljai éppen úgy kívánták. Bárcsak a magánélete is olyan flottul ment volna, de hogy magányos volt ebben minden kétséget kizáróan a pasik voltak a hibásak, hiszen ő jól kereső, csinos, igényes, egzisztenciával rendelkező nő volt és a férfiaknak nem kell az ilyen nő – legalábbis így vélte.

Gyorsan vezető beosztásba is került, céges autó, telefon, magas fizetés, mi más lenne egy maga fajta egyedülálló húszas évei végén járó nő álma?

A szerelem, igen, a vad, féktelen, mindent elsöprő szenvedély, amiben már volt része fiatalon, de csúnyán megégette magát. Aztán jöttek a „rendes srácok", akik mindent megtettek érte, tenyerükön hordozták, de nem tudta magát nőnek érezni mellettük. Tiszta 22-es csapdája, de sok ideje nem volt ezzel a témával foglalkozni, lekötötte a munka, a célok, a pénzkeresés.

A lépcsőházban vaksötét volt, nem volt áram, még a lift se működött, még szerencse, hogy az első emeleten lakott. Okostelefonján bekapcsolta a világítást és a kékes fényben próbált meg utat találni a lakása felé. Közben gondolatai még a hóviharnál is hevesebben kavarogtak a fejében, de ez nem tűnt fel neki, mert a gondolatok és érzések szűnni nem akaró vihara régóta társa volt már. Képzeletében a meleg szoba és egy forró fürdő képe lebegett, melyet gyorsan elsöpört a kétely, melyet az áramszünet réme vetített ki tudatába. A lakásba érve kellemes és kellemetlen meglepetések sora várta. Bár meleg volt és legnagyobb örömére meleg víz is volt, a hűtőszekrény teljesen kiolvadt, nagy tócsát hagyva a konyha burkolatán és az internet se működött. Még szerencse hogy volt pár gyertyája otthon, így gyorsan kellemes hangulatot tudott csinálni és belevetette magát egy kád forró vízbe.

Egyedül volt a gondolataival, s miközben a teamécsesek pislákoló, vidáman vibráló, játékos fényét nézte, különös béke és nyugalom lett rajta úrrá. Nem idegesítette magát a viharral, az áramszünettel, azzal, hogy hogyan fog időben eljutni a szüleihez, nem volt hiányérzete, hogy órák óta nem lépett be kedvenc közösségi oldalaira. Feloldódott a kellemesen meleg vízben, az illóolajok illatában, a mécsesek önfeledt játékában. Nem emlékezett mikor volt utoljára ennyire nyugodt, nem sietett sehova, nem kapkodott, nem volt semmi dolga, nem csörgött, nem pittyegett a telefonja se, képes volt eggyé válni a tevékenységgel amit végzett, eggyé vált a fürdéssel, a vízzel, az illatokkal, a pislákoló mécsesekkel.

Talán el is szundított egy kicsit, amiből az egyre hűlő víz ébresztette csak fel. Megtörölközött, magára kapta köntösét és a pislákoló mécsesek fényénél megkereste kedvenc otthonkáját és felöltözött. Most, hogy kényelembe helyezte magát, végignézett a lakáson, mely olyan volt mint egy kicsinyke szentély, vagy templom, a

7

fal mellett végig apró mécsesek sorakoztak és pislákoltak játékosan.

Milyen hangulatos – gondolta –, ezt máskor is érdemes lenne megcsinálni. Tartani egy csendes napot, vagy legalább egy estét, és saját magával tölteni pár órát ilyen nyugodt és hangulatos környezetben.

Töltött magának a kedvenc borából, az ablakhoz sétált és lassan kortyolgatta, a rétet nézte, ahol a gazt már rég befedte a hó és különös formákat rajzolt bele a szűnni nem akaró szél.

Hirtelen eszébe jutott a nagyi, amikor utoljára látta, még kora tavasszal. A nárciszok sárgás mosollyal köszöntötték a féltő gonddal ápolt kertben, a kerti út mellett végig tulipánok sorakoztak méltóságteljesen és kacéran. A ház körül mindenhol kék nefelejcs virágzott sajátos hangulatot adva a késő délutáni látogatásnak.

Felelevenedett utolsó beszélgetésük, amíg nagyi gyerekkori emlékeit mesélte, míg ő a fűben megbúvó ibolyákban és kis fehér virágokban gyönyörködött.

Milyen kár, hogy nincs már itt velünk nagyi – mondta magában és szemzugából aprócska könnycseppek gördültek végig az arcán.

Milyen kár, hogy olyan kevés időt töltött nagyival – gondolta. De mindig volt valami fontosabb dolga, vagy egy vizsga, edzés, a sok munka, buli vagy épp egy randevú.

Ó az a csodálatos császármorzsa amit nagyi csinált! Na meg az édes omlett! Azóta se evett olyan finomat sehol. Még anyu se csinálja olyan jól, mint ahogy nagyi csinálta. Bárcsak megölelhetné és megköszönhetné mindazt a sok jót, azt a sok szeretetet amit tőle kapott!

A bűntudat hideg érintésétől összerezzent, fájdalom és harag öntötte el szívét. Most szinte tapinthatóvá vált a fal melyet maga köré épített, félelemből, kötelességből, elfoglaltságból és önzésből. Utálta magát ilyenkor, érezte a benne lángoló szeretetet, de azt is tudta, hogy azt nem tudja megosztani másokkal, még a legintimebb pillanataiban és kapcsolataiban se. Az ő falain nem volt se kapu, se ablak. Vastag falai magasra törtek, biztos védelmet adva minden mély és őszinte érzéssel szemben. Rátört a magányosság érzése, mint egy rab, a saját maga által épített börtönben, úgy érezte magát.

Egyik kedvenc verse jutott eszébe: „Vagyok mint minden ember fenség, észak-fok, titok, idegenség, lidérces messze fény... De jaj nem tudok így maradni, szeretném magam megmutatni, hogy látva lássanak... Szeretném ha szeretnének, s lennék valakié...".

Torkát a sírás fojtogatta, szívét a fájdalom, hogyan és mikor lett ilyen?

Miért olyan nehéz megélni és kifejezni az érzéseit? Miért olyan nehéz kimutatni és kimondani: szeretlek?

Eszébe jutottak az idős bácsi szavai, akivel halottak napján találkozott a temetőben. Szép, napos idő volt, a hatalmas öreg fák koronája száz színben tündökölt, az őszi avar színes szőnyegként terült el a lába előtt.

A mosolygós öregúr hosszan méregette őt a szomszéd padról, majd felállt, s lassú, megfontolt léptekkel odament és leült mellé a padra.

- Különös mennyi időt és figyelmet szentelünk halottainknak, s milyen kevés figyelmet szentelünk nekik amíg élnek. - mondta, s kezeit összekulcsolta és sétabotjára tette.

9

Végtelen béke és nyugalom áradt belőle, és elfogadás, elfogadása a dolgoknak úgy, ahogy vannak. Mintha nem lett volna benne félelem, mintha ő maga is csak egy őszi szélben szálló színes levél lett volna.

A lányt annyira magával ragadta az idős úr kisugárzása, hogy még válaszolni is elfelejtett. De a bácsi folytatta:

- Micsoda különös véletlen! Az én kedvesem is ugyanabban az évben született mint a kiskegyed nagymamája. Ha jól sejtem...

- Igen, a nagyim volt – válaszolt a lány, majd visszatért abba a belső csendbe ami az idős bácsiból áradt.

- Még hajadon? - kérdezte az idős úr, miután alaposan végigmérte a lányt.

- Igen, szingli vagyok – felelte, s amint kimondta furcsa rossz érzés áradt szét benne, a hiánynak, egyedüllétnek és a szégyennek egy sajátos keveréke.

- Magam is későn találtam meg a társamat – folytatta –, sok időbe telt míg felnőttem a feladathoz. Volt kit a szívem választott, volt kit a józan ész, voltam őrülten szerelmes, a szenvedély rabja, rajongtam viszonzatlan, s viszonzatlan rajongtak értem. Voltam csalfa, s voltam megcsalatva, volt kivel álmodtunk közös álmokat. De mégse tudtam horgonyt vetni sokáig.

- És végül ki lett a szerencsés? - kérdezte a lány érdeklődve.

- Vele csak azután találkoztam, hogy megtaláltam a helyemet az életben, miután elkezdtem a saját utamat járni. Mert amíg mások nyomdokain bukdácsolunk, nem lelhetünk igaz útitársra.

- De hát mindenki a saját útját járja nem? - kérdezte a lány naivan.

- Nem egészen... - felelte az öreg, s mélyen a lány

szemébe nézett, amitől a lány teljesen meztelennek érezte magát, s ugyanakkor, mintha minden gondja és problémája megszűnt volna létezni egy pillanatra.

Sok bátorság kell hozzá, hogy a saját utunkat járjuk, magányos, küzdelmes út ez, sok kétellyel, nehézséggel, de ez adja meg azt a boldogságot, örömöt és fejlődést amiért érdemes élnünk. - folytatta az idős úr. Sokan csak mások nyomdokait követik, elfogadják a kész válaszokat, mert lusták gondolkozni. S mivel egész életükben jelen van egyfajta hiányérzet, azt megpróbálják sok tevékenységgel, hazugságokkal, vagy tudatmódosító szerekkel eltüntetni. De mindhiába.

- Meséljen még Róla! - kérlelte a lány a bácsit.

A bácsi elmosolyodott, tekintete a messzi távolba révedt, s szemei zugában apró könnycseppek jelentek meg.

- Amikor először láttam Őt, háttal állt nekem, s én is csak a szemem sarkából vetettem rá egy futó pillantást, s mégis, különös érzés lett rajtam úrrá. Szerettem volna ott maradni, s alaposan szemügyre venni és szerettem volna elrohanni és soha vissza nem nézni, de mivel akkoriban nekem is sok dolgom volt, tovább siettem. Később újra találkoztunk, s mélyen egymás szemébe néztünk. Attól a perctől fogva nem érdekelt soha más nő, attól fogva minden figyelmemet arra összpontosítottam, hogy megismerhessem és minél több időt vele lehessek. Hálás vagyok minden együtt töltött pillanatért, áldom őt azért a ragyogásért amit az életembe hozott. - mesélte az öreg úr.

Az árnyékok egyre hosszabbra nyúltak, a padon ülő furcsa párost játékos őszi szél fútta körül, s a szélben szálló falevelek mintha saját emlékeik lettek volna, feltűntek egy rövidke pillanatra, majd tovább rohantak a szelek szárnyain.

Az idős úr felállt, megemelte kalapját, s elbúcsúzott:

- Megbocsát kiskegyed? Későre jár, várnak már az unokák, megígértem, hogy ma én mesélek nekik és tudja, az ígéret szép szó, ha betartják, úgy jó. - Elmosolyodott, s lassú, nyugodt léptekkel elindult. A lány még sokáig ült ott szótlanul. Ráért, őt nem várta otthon senki.

Későre járt már, észre se vette, hogy elrepült az idő míg emlékeibe révedt. A havazás is szűnni készült és a vad szelek is nyugovóra tértek. Ráült a csend a mozdulatlanná dermedt tájra, csak a mécsesek pislákoló fénye jelezte az idő múlását.

Hirtelen bevillant egy réges-régi emlék. A nyírfák lombjai szelíden susogtak a nyári szellőben, s az ágak közt átszűrődő napfény lágyan simogatta a testét. Az ég vakító kékségét csak a lomha bárányfelhők szakították meg itt-ott. Nagyi kedvenc cicája az ő hasán fekve dorombolt, csukott szemhéján keresztül szemébe vidám alakokat rajzolt a fények és árnyékok tánca. Kedvenc tyúkja, Totya is ott kapirgált a közelben, ő volt az egyik legöregebb tyúk, már szinte családtagnak számított a háznál. S mégis egy vasárnapi ebédnél tudta meg, Totya nem kapirgál többet, épp most ették meg jóízűen. Neki csak azután merték elmondani, hogy ő is belakmározott belőle. Milyen furcsák a felnőttek, - gondolta –, hogy ilyen kegyetlenül lemészárolják azt, akit előtte oly féltőn gondoztak. Igaz, korábban így tettek meg nem született testvérével is, mert úgy gondolták, két gyereket már túl nagy gond lenne felnevelni.

12

Ő akkor ezt még nem értette, azt hitte létezik ember és állat közt is barátság, mindig izgatottan várta a reggelt, mert akkor még minden nap egy örökkévalóság, egyszeri és megismételhetetlen csoda volt a számára.

Aztán jöttek a fontos és komoly feladatok, osztályzatok és értékelések, és ő hajtott, keményen hajtott, mert nagyon szerette volna, hogy a szülei büszkék legyenek rá és szeressék őt.

Bezzeg milyen jó dolga volt Micikének, a tarka cicának, akinek egyéb dolga se volt egész nap, mint hízelegni, dorombolni, nagyokat enni és szunyókálni az öreg és viseltes kanapé napos szegletében. Micike csak ritkán sírt, általában akkor amikor a kölykeit kereste, miután nagypapa a születésszabályozás vizesvödrös módszerét választva bedobálta a még vak kiscicákat a vízbe.

Egyszer megleste Micikét szülés közben, végignézte a csodát, ahogy a kis zsákokba csomagolt mozdulatlan testek életre kelnek, szinte érezte az élni akarást, a létszomjat ami áradt belőlük. S mennyi minden volt abban az első sikolyban, a létezés minden fájdalma, vágya és öröme. És mire Micike szárazra nyalta az egyiket már jött is a következő kifelé. Micike két napig el se hagyta az almot, átszellemülten szoptatta és gondozta a kicsiket.

Gyakran eltöprengett rajta, hogy vajon a kiscica honnan tudja hogy szopni kell és hogy hol találja meg az emlőket? És a testünket felépítő sejtek honnan tudják épp mivé kell válniuk? Honnan tudják mikor ne nőjenek már tovább a szervek, végtagok? Honnan származik e tökéletes tervrajz? Valóban csak a véletlen játéka lenne? Épp olyan érdekes ez mint az ezüstösen felettünk ragyogó

13

Hold, mely mindig ugyanazt az oldalát mutatja felénk, mivel keringési és forgási ideje teljesen megegyező. Ezeken a furcsa véletleneken időnként elgondolkozott egy kis időre, de nem ásta bele magát sose, mert naptárja mindig tele volt időpontokkal és fontos teendőkkel.

A szobában egyre sötétebb lett, ahogy a kis mécsesek egymás után aludtak ki nagy vibrálások közepette. Ideje lenne nyugovóra térni – gondolta -, hogy időbe fel tudjon kelni másnap. Hátha járhatóak lesznek az utak és el tud indulni a szüleihez a megbeszélt időben. Bement a hálóba, felkapcsolta a lámpát és megágyazott. Még egyszer megnézte, hogy bezárta-e az ajtót, lekapcsolta-e a lámpákat, majd belehuppant az ágyába és magára húzta vastag paplanját.

De fejében tovább pörögtek a képek és a gondolatok. Az ajándékok becsomagolása, hogy kiket felejtett el a héten visszahívni, kinek akar kellemes ünnepeket kívánni másnap, kusza összevisszaságban kavarogtak tudatában. Egy réges-régi karácsony is eszébe jutott, istenem de fiatal volt még, alig több mint húsz. A fiú belvárosi lakásának emléke még ma is élénken élt benne. Az volt az első közös karácsonyuk, közösen vették a fát, közösen is díszítették fel. Milyen gondtalan és naiv volt még akkor. Felelevenedtek a régi csókok, az érintések, amikor órákon át csak ölelték és simogatták egymást. Azóta talán nem is volt olyan szerelmes.

Bár ha jobban belegondolt ez így nem volt igaz. Minden szerelem más és más. És mégis, az idő múlásával mintha egyre fakóbbak lennének a színek, egyre tompábbak az érzések, egyre vastagabbak a szívre rárakódott hegek.

14

Talán ez a dolgok rendje, vagy talán csak bennünk egyre több a félelem?

Sose felejtette el az utolsó találkozásukat. Baljós árnyak gyűltek köréjük, csókjuktól a téridő zavartan összerezzent. Hosszasan néztek egymás szemébe.

Öt év múlva foghatták meg egymás kezét újra, mert a srác valami büntetőügybe keveredett. Mintha a szívét tépték volna ki a helyéről. Akkor megértette mit is jelent az a mondás, hogy valakinek darabokra törik a szíve. Hónapokon, éveken át leveleztek. Fájdalmas volt végignézni magában, hogyan hal el a remény, hogy fakul el a szenvedély. Elváltak életútjaik, s idővel az ő útjaik is elváltak.

Volt egy srác, aki bár annyira nem tetszett neki, de mindig ott volt mellette ha kellett, segített neki, vigasztalta és fülig szerelmes volt belé. Teltek az évek, s velük koptak a régi érzések, s mivel barátjának még mindig nem volt jogerős ítélete, nem lehetett tudni mikor láthatják egymást újra.

Győzött a józan ész, fel kell állni, tovább kell menni. Így aztán összejött a kedves sráccal, aki mindig olyan aranyos volt vele.

Istenem, mekkora lúzer volt az a fiú, de kellett jó pár év, hogy ez kiderüljön róla.

Nem volt képes a szemébe mondani régi szerelmének a rossz hírt, az új barátot. Levélben írta meg neki, ne várja, hogy újra meglátogassa.

Évekkel később találkoztak csak újra. Már nem voltak ugyanazok az emberek, már nem volt közös az útjuk.

Még mindig melegséget érzett amikor megfogták egymás kezét, s egymás szemébe néztek, de már hiányzott a tűz, nem maradt csak a mély szeretet és a varázslatos közös emlékek. Hosszú órákon át beszélgettek, de mintha már valami fal lett volna közöttük. Könnyes szemekkel vettek búcsút. Akkor engedték el egymást. Azóta nem látta, nem hallott felőle.

Még sokáig bűntudata volt, amiért nem várta meg őt, azzal vigasztalta magát, talán már úgyse lennének együtt ha máshogy alakulnak a dolgok. Vajon be kell-e tartanunk magunknak vagy másoknak tett ígéreteinket, fogadalmainkat, eskünket még akkor is ha máshogy alakulnak a körülmények? Vajon meg kellett volna várnia őt, s bánatos magányban töltenie legszebb fiatal éveit? Sokáig őrlődött még ezen, de az évek múlásával ez a kérdés is a szőnyeg alá került. Hiszen annyi fontos dolga volt és még előtte állt a nagybetűs élet.

Akkoriban lett kedvence a Wicked Games és számtalan feldolgozása, „I dont wanna fall in love" dúdolta sokszor magában.

De az az érzés már soha nem jött vissza. Legalábbis nem a kapcsolatokban. Néha, mikor kint sétált a szabad ég alatt, meztelen lábakkal a zöld pázsiton, s virágok illatát hozta felé a nyári szellő, olyankor szerelmet érzett, minden és mindenki iránt. Olyankor minden oly tökéletesnek tűnt. Legszívesebben átölelte volna az egész világot. De mire visszaért a városba, szíve mindig bezárult, s ő lehajtott fejjel, szemkontaktust is kerülve bandukolt haza a nyüzsgő és forgalmas utcákon.

Nem jött álom a szemére, akárhogy is próbálkozott. Felkelt hát, kibányászta a szekrény mélyéről a régi fényképalbumokat és elkezdte lapozgatni. Születésnapok és egyéb ünnepek, bulik és nyaralások váltották egymást. Néhány régi barát és barátnő, aki még mindig mellette van és sok, már-már szinte ismeretlen arc.

Különös, hogy az emberek, hogy jönnek-mennek az életünkben – gondolta. Megérintik a lelkünket, s mi is lenyomatot hagyunk bennük. Vannak akik csak epizód szereplők, míg mások elkísérnek minket a sírig. És vannak olyan találkozások, melyek örökre megváltoztatják életünket és gondolkodásunkat.

Egyszer ő is csak egy kopott kép lesz egy albumban, akiről már alig tudja megmondani valaki, hogy pontosan kit is ábrázol, kinek a nagyanyja, dédanyja. Ez a gondolat félelmet ébresztett benne. Ez az amire nem illik, nem szeretünk gondolni, hogy minden nappal egyre közelebb kerülünk e csodás utazás végéhez. S feloldódunk a semmiben, magába olvaszt a végtelen, csak a nyomok, amiket magunk után hagyunk, csak a szavaink, tetteink és azok következményei tanúskodnak majd róla, hogy valaha itt jártunk ezen a bolygón.

Ezen eltűnődött.

Hagy-e ő valamilyen nyomot maga után az ökológiai lábnyomán kívül? Vagy csak ellobban mint a gyertya lángja? Meg tudja-e tartalommal tölteni a rohanó pillanatokat? S mi az, ami valóban fontos az életben?

Elaludt.

Jó későn ébredt, a telefon csörgése ébresztette fel. Az

anyja hívta, a karácsonykor szokásos feszült és ideges stílusban.

- Most keltél? - kérdezte bosszúsan - Hogy fogsz így időben ideérni? Milyen ember az ilyen aki még karácsonykor se tud időben érkezni?

- Jól van, összekapom magam és indulok! - felelte.

S érezte, hogy ez a karácsony is hasonló lesz mint a többi. Kicsi gyerekkora óta, amire csak vissza tudott emlékezni, mindig így zajlottak az ünnepek. Egész nap feszült hangulatban, mert az anyja teljesen rá volt feszülve, hogy minden időben elkészüljön, minden tökéletes legyen, úgy ahogy kell, ahogyan az elvárható. Az este meghitt hangulata így sose volt számára igazi, mindig rányomták a bélyegüket az előző órák feszült percei.

Idővel őrá is ráragadt ez a fajta perfekcionizmus és megfelelési kényszer és hagyta, hogy a külső forma fontosabbá váljon a belső tartalomnál.

Sietett hát, ahogy csak tudott, s a bő tíz perces rohanás végére elérte a metró állomást. Szokatlanul üres volt az aluljáró, késöre járt, az aluljáró csendjét csak az ott lakók éneklése, veszekedése törte meg néha.

A hajléktalanok láttán mindig elnehezült a szíve, s eltöprengett rajta, milyen közönyös és rideg az a világ amelyben él.

Eszébe jutott egy kísérlet, melyről nemrég olvasott. Egy kislányt beküldtek egy gyorsétterembe, s úgy tett mint aki éhes és nem találja a szüleit. Először szépen felöltöztették a kislányt és a gyorsétteremben mindenki

18

szeretettel és segítőkészen fordult feléje. Azonban mikor koszos arccal, szakadt ruhákban ment oda az emberekhez, mindenki elzavarta, egyikük még a biztonságiakat is hívta és ki akarta dobatni. A kislány végül zokogva kiszaladt, így ért véget a kísérlet.

Elgondolkodott, vajon neki ki segítene a családján kívül, ha nem lenne se pénze se lakása? Vajon felkarolnák-e a barátai, vagy idővel kellemetlenné válna számukra? S ez a sok szerencsétlen ember különös ösztönzőként hat e szép új világban, vannak kik azért hajtanak éjt nappallá téve, hogy ne kerüljenek közéjük, míg a szerencsésebbek azért, hogy ki tudják fizetni minden hónapban a hiteltörlesztésük díjait.

Egyszer olvasott egy érdekes cikket a pénzről és a bankrendszerről, ami épp a legutóbbi pénzügyi válság után jelent meg egy internetes portálon.

Azt írta a szerző, hogy mivel minden egyes pillanatban több a kihelyezett hitel mint a pénz, mivel a tőkére mindig rárakódik még a kamat, ezért a világgazdaság rá van kényszerítve a folyamatos növekedésre, hogy évről évre kitermelje a kamatokat. A probléma az – a cikk írója szerint –, hogy zárt rendszerben történik mindez, a Föld erőforrásai végesek, nem tartható fenn a folyamatos termelés növekedés. A hab a tortán, hogy a kamatok miatt, idővel minden tőke a hitel kihelyezőknél fog felhalmozódni.

Elég abszurd, ha ez valóban igaz – gondolta –, hiszen alapvetően eltorzítja és instabillá teszi a gazdasági folyamatokat, ráadásul egy idő után minden erőforrását kiaknázzuk a bolygónak ahol élünk. De azért ő bízott benne, hogy bölcsebbek a világ vezetői annál, hogy egy keveseknek kedvező és mindenki mást megnyomorító, a bolygót tönkretevő rendszert tartsanak életben.

Közben megjött a metró, s csendes morajlással megállt és az ismerős berregéssel kinyitotta ajtóit. Miután kényelmesen elhelyezkedett egy érdeklődő szempárra lett figyelmes. Egy srác nézte őt kitartóan, nagy fekete szemekkel. Összerezzent. Vonzalom és félelem kavargott benne, egyszerre vágyott erre a figyelmes szempárra és volt mehetnékje, sőt menekülhetnékje előle. Elkapta tekintetét, de érezte, hogy a fiú még mindig őt nézi. A következő megálló közeledtével a srác felállt, odament hozzá és átadott neki egy névjegykártyát, rámosolygott és kilépett a metrókocsiból.

A kártyán csak egy rövidke szöveg volt: „It would be great to see you again" a hátoldalon pedig egy telefonszám.

Na azt várhatja, hogy felhívjam, mondta a lány magában! De tetszett neki az ötletes és határozott ismerkedési stílus és betette a kártyát a táskájába...

Metróhuzat

Mennyi minden történt azóta, hogy utoljára találkoztak – gondolta magában, miközben a délutáni dugóban araszolt a körúton –, pedig akkoriban biztos volt benne, hogy a nagy szerelem őt már elkerüli ebben az életben, úgy érezte, fiatal kora ellenére túl van már mindenen, s a kiégettség tüneteit egyre jobban érezte magán. De az élet megtréfálta, s olyan mély és intenzív érzéseket ébresztett benne, amit azelőtt elképzelhetetlennek tartott.

S most újra találkoznak, annyi haragban, bánatban eltelt év után.

Különös érzések kavarogtak benne. Éppoly különös volt ez, mint első találkozásaik, amikor megmagyarázhatatlan és minden józan észt nélkülöző vonzást éreztek egymás iránt.

Mennyire nem voltak összeillők...

És mégis, hogy szárnyaltak az együtt töltött napok és percek!

Odaadta a fiúnak a szívét, lelkét, teljesen megnyílt neki és ő milyen csúnyán visszaélt vele! - legalábbis éveken át így érezte. Sok-sok idő kellett az elengedéshez, évek kellettek a feldolgozáshoz, a tisztánlátáshoz. Most már nem volt benne harag, ezért is írt neki, hogy találkozzanak, hogy elmondhassák egymásnak a ki nem mondott szavakat, hogy el tudjanak egymástól búcsúzni szeretetben, megbocsátásban.

Arcán egy könnycsepp gördült végig, mint mindig, amikor régi közös emlékek jutottak eszébe. Féktelenül – talán ez a szó jellemezte a kapcsolatukat leginkább. Az érzéseik félresöpörtek minden racionalitást, leállt a józan ész, meghalt a kommunikáció, s ők mint két fényes csillag keringtek egymás körül, egyre gyorsabban és gyorsabban, míg végül fel nem oldódtak egymásban. De a teljes odaadásra nem voltak még készek, lelküket és szívüket hamuvá égették lángoló érzelmeik. S nem maradt más, csak a fájdalom, amiért mindketten egymást okolták. Azóta nem is beszéltek, nem is találkoztak.

Nem tudta eldönteni, hogy mi okoz nagyobb fájdalmat, ha nem találkoznak többet egymással, vagy ha együtt vannak, s minden rezdülésükkel fájdalmat okoznak egymásnak. De ha vele volt nem tudott önmaga lenni, s teljesen irracionálisan és hisztériásan viselkedett. Ördögi kör.

A fiú még sokáig hívogatta és írogatott neki, de ő sose válaszolt, pedig a szíve mélyén, amikor megcsörrent a telefon mindig őrá számított. Még sokáig minden rá emlékeztette, hiába törölte ki a közös képeket, hiába kerülte messziről azokat a helyeket ahol együtt voltak. Aztán sok átsírt éjszaka után a fájdalom szűnni kezdett, a jó és a rossz emlékek is megszépültek, hálát érzett, hogy megtörtént vele mindez, hogy megtapasztalhatta milyen szinte teljesen megnyílni és odaadni magát valakinek. De mindeddig nem volt bennük erő és bátorság egymással és magukkal szembe nézni, megköszönni, megbocsátani, elbúcsúzni.

Sikerült parkolóhelyet találni a belvárosi forgatagban és bizonytalan léptekkel elindult a belvárosi étterem felé, ahol először randiztak. A fiú már ott várta őt, széles, őszinte mosollyal, csillogó fekete szemekkel. Még mindig milyen helyes, semmit se változott – gondolta. Megállt előtte, némán, mozdulatlan. Lefagyott. De régi szerelmén is látszott, hogy nem ura önmagának.

Megölelték egymást, s abban az ölelésben benne volt, minden elfojtott vágy és fájdalom, minden remény és kiábrándultság, benne volt minden bárcsak és 'mi lett volna ha'. Átölelte őket a végtelen és ők beleremegtek. Hirtelen eszébe jutott egy vers amit a fiútól kapott még régen, elválásuk előtt:

„Otthonunk a végtelen ég,
De csábít a tengerek mélye.
Ölelkezünk, útra kelünk,
Vár holnap ezer reménye.
Találkozunk, egymásra nézünk,
Cinkosan, reszketve, félve.
Tudjuk, egyszer majd megérkezünk,
s megpihenünk egymás ölébe."

- De jó újra látni téged! - törte meg a csendet a fiú végül.
- Én is nagyon örülök, hogy látlak! Köszönöm, hogy rám értél ma este!
- És hogyhogy épp most jutottam eszedbe, annyi év után?
- Megkérték a kezemet. És elbizonytalanodtam, hogy valóban akarom-e én ezt, valóban ez az én utam és valóban vele? És te mindig őszinte és jó tanácsokat adtál nekem!
- Szerelmes vagy?
- Hát, ő nagyon aranyos srác, jól megvagyunk, általában.
- Értem. Akkor mégis mi tart vissza az elköteleződéstől, az Igen-től?

Ez a kérdés szíven ütötte, hogy tud ennyire kívül állóan állni hozzá? Hát még mindig nem érti? Eltűnődött, vajon szerette-e őt valaha ez a fiú igazán és őszintén. Felszakadtak a régi sebek. El akart szaladni, de erőt vett magán.

A fiú csak ült némán. A lány arcát fürkészte, a dacos, haragos, sértett tündér arcot, amit oly sokszor látott annak idején. Szívesen elmenekült volna, de elhatározta, hogy benne marad a helyzetben és szembe néz vele, történjék bármi is.

Nem értette mivel bántotta meg őt megint. Ha nyíltan elmondta az érzéseit az volt a baj, ha magára erőltette, hogy már elengedte a lányt, olyankor csak még jobban megsértette őt.

Nem birkózott meg a feladattal, hogy megtalálja a módját az együttlétnek, de az elválásnak se sikerült. Két lankadt szárnyú héja madár - gondolta.

Némán ültek egymással szemben, kristályosra fagyott körülöttük a levegő. Ezerszer és milliószor mantrázták magukban, „bárcsak kaphatnánk még egy esélyt", s valahányszor ez az esély eljött a felkelő nappal, a fogyó holddal semmivé lett. Nem értették mi dolguk egymással, miből fakad ez a mélységes egymás iránt érzett szeretet, s mi gátolja őket abban, hogy ezt nyíltan és őszintén megéljék.

- És hogy vannak a cicák? - kérdezte a lány.
- Jól vannak, arany életük van! Óriásira nőttek azóta!
- És van róluk kép a telefonodban? Na mutasd már!
A srác elővette a telefonját, s a lány átült mellé, s

önfeledten nézegették a kövérke és lusta macskákat. S egy pillanatra olyan volt minden mint régen ahogy egymáshoz értek, elbódultak egymás illatától. Eltelt pár perc mire a lány észrevette mennyire átadta magát a pillanatnak. Tudta, hogy ezt nem szabad, hiszen ő már menyasszony, s különben is, más utakon járnak, s mindig is más utakon jártak. Visszaült hát székére, a fiúval szemben. Régi emlékeikbe s érzéseikbe merültek. Azt érezték mindketten a szívük mélyén, hogy akár jó csapat is lehettek volna.

Aztán felelevenedtek a régi emlékek, a közös ismerősök történetei és történései. S ők újra együtt nevettek önfeledten, mint annak idején. Emlegették a régi közös sétákat, nagy beszélgetéseket, világmegváltó terveiket, melyeket talán együtt sikerült is volna megvalósítani.

- Azért, meg kell hagyni, mi nagyon szerelmesek voltunk egymásba! - mondta teljesen váratlanul a lány.
- Igen azok! – felelte a fiú, s a messzeségbe tekintő szemekkel folytatta – Még ma se értem, hogy ronthattuk így el.
- Talán nem voltunk még készek egymásra. Talán túl nagy volt köztünk a szenvedély. S úgy tűnik, a sors is más jövőt szánt nekünk. Vicces, de sose szerettem még ennyire senkit, akivel ennyire ne illetünk volna össze. – válaszolta a lány.
- Hát a szeretet az biztos nem hiányzott a boldogságunkhoz! Talán csak elfogadóbbnak kellett volna lennünk, talán csak egy kicsit kevésbé önzőnek, talán csak kevésbé kellett volna ragaszkodnunk a saját elképzeléseinkhez. Egyszer azt olvastam valahol, ne azt

válasszuk társnak, akivel jó együtt élni, hanem azt aki nélkül nem tudunk. Ma már megértem az írót.

- Igen, én is nagyon sokat gondoltam rád! Szinte mindig ott voltál a fejemben, vagy inkább a szívemben. Különös kapcsolat, különös kapcsolódás. A szülők érezhetnek hasonlót gyermekeik iránt...

Még percekig nézték egymást szótlanul, tudták, érezték, hogy ez a kapcsolódás az idők kezdete óta tart már, s az idők végéig fog tartani.

Eszükbe jutott kedvenc filmjük, a Pillangóhatás, mely egy szerelmes párról szól, akik párhuzamos idősíkokon keresztül próbálnak egymásra találni és boldogak lenni, de sehogy se jön össze nekik. Végül a főszereplő rájön, csak úgy tudnak boldogok lenni, ha sohase találkoznak, mert így nem szeretnek egymásba, s nem kíséri őket és környezetüket annyi bonyodalom és fájdalom.

Gyakran érezték lelkük mélyén, hogy ez a film róluk szól, de sokáig nem akartak tudomást venni róla, nem akarták elfogadni, mert valahol mélyen legbelül végtelenül ragaszkodtak egymáshoz.

Későre járt. Kifizették a számlát, s lassan sétálva elindultak együtt a metró felé. Nagy nyüzsgés volt a szombat esti belvárosban, dúltak a csókos ütközetek. Arcukba virágillatot fújt a kora esti szellő.

A lány hirtelen beleszagolt a fiú nyakába.

- Hú ez még az a parfüm amit együtt vettünk?? - kérdezte.

- Igen! Lassan fogy, pedig azóta is ezt használom.

- Nagyon jól áll neked! Biztos buknak rá a csajok! - felelte a lány nevetve, nagy huncut szemekkel.

A fiú elgondolkozott, mit is felelhetne erre? Azt, hogy azóta se tudott ennyire megnyílni senkinek, hogy azóta se engedett magához ennyire közel senkit?

- Igen, szeretik. - válaszolta lehajtott fejjel.

Közben elérték a peront. Közeledett a metró, a metróhuzat fülledt, fémes levegőt hozott az állomásra. Megölelték egymást, bolondosan, önfeledten, lelkük végtelen mélységeiben.

A fiú beszállt, s az ajtók bezáródtak. Nézték egymást amíg csak lehetett. A lány még sokáig nézett a szerelvény után, még akkor is, amikor azt már réges-rég elnyelte az alagút sötétje.

Aztán lassú, tétova léptekkel elindult hazafelé, ahol már várta őt a vőlegénye és a biztonságos, kényelmes és megszokott élete.

A vándor

Egyszer volt hol nem volt, volt egyszer egy vándor. Városról városra járt hétmérföldes csizmájában, sok szép helyet megismert és sok érdekes emberrel találkozott, rengeteg érdekes történetet is hallott, amit aztán új helyekre érve nagy örömmel osztott meg hallgatóságával. Sok szakmába bele is tanult, mert bárhova is ment mindig olyan mester mellé állt be inasnak mesterséget tanulni amit azelőtt még sose próbált. Hosszú évek teltek el ezzel az örökös vándorlással, de ahogy telt s múlt az idő, egyre erősödött szívében az érzés, hogy neki nincs otthona csak a végtelen kék ég, s az egyetlen hű társa a magány.

Egy napsütötte őszi délután, egy keresztútnál, a dombtetőn megpihent. Nézte az őszi szélben kavargó sárga faleveleket, eltöprengett az elmúláson, s azon, hogy hova is tart ő valójában. Hogy hova tart és hova tartozik. Tarisznyájából elővette maradék pogácsáját, ami bár elég szikkadt volt, de mégis jóízűen rágcsálta. S közben múltba révedt, felidézte a pillanatot amikor búcsút intett a szülői háznak, s útnak eredt a nagyvilágba. A keresésben az érzéseire hallgatott, azt a helyet kereste ahol otthon érzi magát, s azt a hivatást ami úgy illik rá mint egy személyre szabott ékes ruhadarab.

Miközben így merengett, a távolban egy tűzvörös hintót pillantott meg, mely szinte repült az út fölött, hat fehér mén húzta szélsebesen. Ahogy a hintó a dombtetőre ért, lassított. A hintóban ülő gyönyörű ifjú leány és a vándor tekintete az útkereszteződésnél találkozott. Hogy csak néhány pillanatig, vagy világkorszakokon át néztek-e egymás szemébe azt talán még a Jóisten se tudná megmondani. Mire a vándor feleszmélt, a hintó már tovarohant, s ahogy lassan elült az út pora, a földön egy kis kendőt pillantott meg. A díszesen hímzett kendőn csak egy monogram volt olvasható. A vándor gondolt egyet és merészet, s útnak eredt a hintó nyomába.

Hegyeken s völgyeken, falvakon és városokon át vezetett az útja, de most nem állt meg sehol sem, mint ahogy azt korábban tette volna. Lépteit megnyújtotta és sietősre fogta, így ment mendegélt, míg egy hűvös téli hajnalon egy hatalmas nagy várhoz nem ért. A várban nagy sürgés-forgás fogadta, s ahogy azt az utca emberétől megtudta, megvolt ennek az oka. Az öreg király utódot keresett magának, szerető férjet egy szem lányának, annak a királylánynak akinek kendőjét a kezében szorongatta. Volt a kérők közt hős lovag, gazdag kereskedő, jövendőmondó, híres gyógyító, világhírű művész is. A vándor szívében úrrá lett a félelem, mit keresne ő itt ebben a díszes társaságban, ő az egyszerű vándor, akinek se pénze, se hírneve, se különleges képessége vagy tudása nincsen. Kedvét szegve már majdnem sarkon fordult s elindult volna a kapu irányába, amikor a lovagterem teraszán megjelent az öreg király és csodálatosan szépséges leánya. S kihirdették a hét próbát, melyet a kérőknek ki kellett állniuk. Lába vitte volna kifelé a várkapu irányába, de szíve marasztalta, lábai földbe gyökereztek, le se tudta venni a szemét a király leányáról.

Először minden kérőnek fel kellett ajánlani azt, ami számára a legkedvesebb és legértékesebb. A dúsgazdag kereskedő akkora gyémántot ajánlott fel, hogy négy szolga is alig tudta felemelni. A lovag felajánlotta legkedvesebb lovát, akivel minden csatát megnyert. A művész felajánlotta legbecsesebb szobrát, melyet színaranyból készített. A jövendőmondó felajánlotta varázsgömbjét, mely bepillantást enged a tér és idő szövetébe. A gyógyító odaadta az ampullát, melyben az örök élet és egészség cseppjei voltak, s egy egész élet munkássága volt eme nektárt összegyűjteni. A vándor felajánlotta a kendőt, mit a kezében szorongatott, mert számára az volt a legértékesebb.

A második próbában két perlekedő, viszálykodó szomszédot kellett kibékíteni. A lovag erőszakkal és fenyegetéssel próbálta megegyezésre bírni őket, de mindhiába. A kereskedő rengeteg pénzt ajánlott nekik, de a perlekedőket nem érdekelte a pénz se, oly mélyek voltak a sérelmeik egymással szemben. De kudarcot vallott a gyógyító és a látó is. A vándor figyelmesen végighallgatta őket, majd elmesélt nekik egy történetet egy emberről, aki haragban volt az egész világgal, míg egy napon rá nem jött arra, hogy neki nem a világgal, hanem saját magával van baja. S ekkor a perlekedőknek is elszállt a haragjuk, kibékültek, kezet fogtak, s megölelték egymást.

A harmadik próbában egy sárkánytojást kellett elhozni a messzi hegyek egy eldugott zugából. A lovag magabiztosan vágtatott ki a várból, de tépetten és vesztesen tért vissza gyalog és a lova nélkül. Ezt látván a többiek inkább bele se vágtak a próbatételbe. Bezzeg a vándor útra kelt hétmérföldes csizmájában és meg se állt a sárkány barlangjáig. Mikor odaért látta ám, hogy az egyik tojásból épp egy kis sárkány bújik kifelé. Elszégyellte magát, hogy ilyen feladatra vállalkozott, mert ha ő ezt a sárkánytojást magával viszi, akkor bizony az a kis sárkány ami benne van az meghal. Leült hát egy kőre és keservesen sírdogált, hogy elveszíti az ő szíve hölgyét, ha nem visz neki sárkánytojást, ha meg mégis vinne, azáltal meg megölné a kis sárkányt. Ezt látva megszólította őt a sárkányanya, megkérdezte miért sír ilyen keservesen, s a vándor elmondta neki szíve bánatát, s hogy mi járatban van ő itt a magas hegyek távoli zugában. A sárkányanya megsajnálta őt, s amiért ilyen nyílt és őszinte volt, megajándékozta őt egy tojással ami nem kelt ki évekkel azelőtt. A várba visszatérve mindenkinek leesett az álla, hogy bizony csak az egyszerű vándor volt képes ezt a próbát teljesíteni.

A negyedik próbában az öreg király kedvenc kutyáját kellett meggyógyítani. A kutya fiatal kora ellenére erőtlenül feküdt vackában. Elsőként a gyógyító próbálkozott, de mivel odaadta az örök egészség üvegcséjét, más gyógymódhoz kellett folyamodnia. De bármivel is próbálkozott, a kutya állapota nem javult. Csak feküdt tovább, se nem evett, se nem ivott. Kudarcba fulladt a többi kérő kísérlete is. A vándor, mivel figyelmesen meghallgatott mindenkit az udvarban, emlékezett rá, hogy mióta visszavonult a fővadász, azóta romlik a király kutyájának állapota hétről hétre. Elment hát a vándor a vadászhoz és megkérte, hadd hozza el kutyáját a király udvarába. S csodák csodájára mikor a két kutya meglátta egymást, a király kutyája felállt, még ha remegő lábakkal is. Azóta is együtt vadásznak, s a király kutyájának kutya baja!

Az ötödik próba egy régi jóslat értelmezése volt. Ez állt benne: „Királyi sarj, ki a világot lába alá vette, s múltját rég elfeledte, minek emlékét csak a szíve őrizte, keresztúton állva, hallgatva szíve szavára, áldást hoz

31

egykor majd e nagy kerek világra.". Próbálták megfejteni a kérők és a bölcsek, de mindhiába. Csak a vándor mondta az öreg királynak: Uram, királyom! Ez a jóslat rólam szól és a te egy szem lányodról! Volt is nagy felzúdulás az udvarban, de az öreg királynak bizony felcsillant e szavak hallatán a szeme!

A hatodik próbában a királylányt kellett felvidítani, akinek gyakran volt rosszkedve mióta meghalt az édesanyja. Próbálkoztak mindenféle vicces és tanulságos történetekkel a kérők, de hiába, a királylánynak csak nem akart jobbra fordulni a kedve. Bezzeg mikor megpillantotta a vándort, szíve nagyot dobbant, s nyomban elszállt minden bánata. Ó, én hősöm, elmulasztottad szívem minden bánatát! – mondta.

A hetedik próba volt talán a legnehezebb. Minden kérőnek fogadalmat kellett tennie, hogy megszabadul minden vagyonától és tulajdonától és élete hátralevő részét a királyság és népe szolgálatának szenteli – akárkit válasszon is a királylány. Ennél a próbánál sokan elvéreztek, csak a lovag, a gyógyító és a vándor vállalta ezt a fogadalmat.

S mivel csak a vándor állta ki mind a hét próbát és ő volt az aki megdobogtatta a királylány szívét, rá esett az öreg király és leányának a választása.

Így hát a vándor lett az öreg király utódja. Boldogan éltek az öreg király lányával, bőségben, egészségben, gyermekeik és unokáik körében. Oly igazságos és jóságos király lett a vándorból, hogy még évezredek múltán is legendák terjesztették jó hírét és dicső tetteit.

Tisztítótűz

Újra és újra visszatért a helyekre, ahol korábban együtt jártak a lánnyal. Most is egy ilyen helyre tartott, léptei könnyedek voltak, szinte lebegett a föld fölött. Szürreálisnak tűnt minden számára, az alakok, a színek, a formák, mintha semmi se lett volna valóságos. Csak a fájdalom, a tengernyi fájdalom, mely a szívében vert tanyát, csak az tűnt valósnak. Sokat töprengett rajta mi is ez az érzés valójában. Egyszerűen csak egy jelenlét volt, a fájdalom jelenléte, mely éppúgy jelen volt tudatában mint a lány. A lány arca, hangja, jelenléte anélkül is folytonos társa volt, hogy reá gondolt volna. Elfogadta a történteket, megbarátkozott a ténnyel, hogy elváltak útjaik. De a határtalan szeretet érzése és a végtelen fájdalom ott maradt vele. Sőt, ahogy telt s múlt az idő ezek az érzések egyre csak erősödtek.

Most nem próbálta elnyomni, elfojtani őket, mint korábban. Hagyta, hogy jelen legyenek. Teret adott nekik, s megfigyelte őket.

Különös, gondolta, hogy ez a mérhetetlen fájdalom milyen együttérzővé tette őt. Rájött a betegségek okára, rájött, hogy minden testi fájdalom és szenvedés mögött a meg nem élt lelki fájdalom áll.

Már elég bátor volt hozzá, hogy átadja magát a fájdalomnak. Elég erős volt hozzá, hogy megélje teljes intenzitásában, hogy ne akarjon kimenekülni belőle.

Végtére is, az ő döntéseinek következménye minden.

Közben odaért a lángososhoz.

- Egy sajtos-tejfölös, foghagymás lángost kérek sok hagymával, köszönöm! - mondta, s réges-régi emlékek törtek fel benne újra.

„Az őrület rövid, a megbánás hosszú" - olvasta valahol, de nem, benne nem volt megbánás. Sőt, hálás volt azért a találkozásért. Fülébe csengtek a lány utolsó szavai: „Csodálatos volt megismerni téged! Próbálom ezt a vihart rendezni! Az egyik felemnek hiányzol és szeret!".

Hálás volt mindenért. Még akkor is ha sokszor úgy érezte padlót fogott. Addigi élete a feje tetejére állt, tudata ezer apró darabra hullott. Feladta az élete feletti kontroll igényét, megértette, megtapasztalta azokat a hatalmas kozmikus erőket, melyekkel szemben tehetetlennek érezte magát. Megtapasztalta a szigorú szeretetet, a tudás vakító fényességét, a saját sötét oldalát, mely most még nagyobbnak tűnt mint valaha.

Igen, szembesült saját árnyékaival, tudta mikor, mit és hogyan rontott el. Tudta mit csinált reflexből, öntudatlan, félelmek, s az önzése által vezérelve. Rájött mennyi szenvedést okozott a ragaszkodása által magának és a lánynak, akit mindennél jobban szeretett. Rájött mennyire ragaszkodott azokhoz a varázslatos, együtt töltött napokhoz, az átbeszélgetett estékhez, a végtelennek tűnő ölelésekhez. Most már tudta, hogy ölelve, csókolva kellett volna elválni, amikor már látszott, hogy más irányt szabott nekik a sors. Örök szerelemben, örök szeretetben, hogy minden újratalálkozásuk Isteni és mágikus legyen! De sajnos nem így tettek, egymás szívét újra és újra összetörve, egymás kezét elengedni nem tudva szakította szét őket sorsuk míg el nem jutottak oda, hogy ha találkoztak már nem is egymás lelkét látták mint hajdanán, hanem csak a tenger sok fájdalmuk okát látták egymásban. Milyen kár, amikor a vágy átfordul haragba, a szerelem gyűlöletbe.

Nagy árat fizetett ezért a tudásért, megszenvedett érte. Felnevetett magában. Még nem is olyan régen, azt hitte az élet majális, nyaralás, s messziről került minden olyan helyzetet, mely az idillikus életéből kibillentette volna. Mennyit változott azóta! Úgy érezte, végre helyére kerültek a fejében a dolgok. Tisztulni kezdett a köd, a káosz, elhalkult a belső párbeszéd is, melyet oly kitartóan folytatott magával annyi éven át.

A lángos utolsó falatjaihoz érve félbe hajtotta a lángost, úgy rágcsálta el az utolsó morzsákat. Kezét, száját megtörölte az olajos szalvétával. Hiányzott a lány gondoskodó figyelme, szeretete.

Felállt a padról, s elindultak hazafele, ő lassan lépdelt, s vállán ült hű társa, a magány. Jól elhízott a társa – gondolta –, mert évről évre csak egyre nehezebb lett, s egyre jobban nyomta vállait.

Mintha végtelen sötét űrön át zuhant volna mióta nem látta Őt. Mintha minden kötelék és kapocs elszakadt volna ami e világhoz láncolta. Csak egy gigantikus erőtér maradt, mely egyre jobban vonzotta őt, egy távoli pislákoló fénysugár, a végtelen térben. A remény pislákoló fénye, hogy még újra látja őt. A remény, hogy befejezik a küldetésüket. A remény, hogy újra egyek lesznek.

Lassú, nyugodt léptekkel bandukolt hazafele az ismerős utcákon. Régóta élt ott, ismerős volt minden fa és bokor. A naplemente csodás színeket festett az égre, a közeli parkból vidám gyerekzsivaj hallatszott. Megfigyelte a járókelőket, akik lehajtott fejjel, gondterhelten siettek valahova.

Neki nem voltak gondjai, se terhei, se vágyai.

Mintha csak egy árnyék lett volna, mintha soha nem is létezett volna.

Üres volt, nem volt benne más, csak a határtalan szeretet és fájdalom.

Beszélgetések Budával

Régóta feküdt az ágyon mozdulatlan. Mikor kinyitotta végre a szemét az unokáját pillantotta meg, aki látogatóba jött hozzá.

- Szia Nagypapa! Jót aludtál? - kérdezte a kislány.
- Nem aludtam drágám, beszélgettem!
- És kivel beszélgettél?
- Budával.
- És miről?
- A szeretetről beszélgettünk. A tanítások hiábavalóságáról beszélgettünk. Az értelmezés hiábavalóságáról beszélgettünk. Arról, hogy jól csak a szívével lát az ember. Az értelem számára a Valóság felfoghatatlan és értelmezhetetlen. Arról beszélgettünk, hogy nincs se út, se cél. Nincsen se jó, se rossz. És hogy szívünk mélyén mindannyian tudjuk mi a helyes. És hogy általában nem hallgatunk erre a hangra. Helyette az elménkre hallgatunk, aki viharban akar sátrat állítani, aki azt hiszi képes a folyókat megfordítani, hogy vissza felé folyjanak, aki rövidlátóan és szűklátókörűen a saját érdekeit nézi, aki önzésével és félelmeivel minden valódi értéket lerombol az életünkben. Az elménkre hallgatunk, aki azt hiszi az életben minden azért van, hogy neki jó legyen, aki szeretné, hogy mások szolgálják őt, aki nem foglalkozik a Valósággal, inkább saját hazugságaiból és illúzióiból teremt szürreális hazug világot magának és minden energiánkat felhasználja arra, hogy ezt a látszat-valóságot fenntartsa. De időnként, megesik rajtunk az univerzum szíve és szembesít a Valósággal, az Élet Törvényeivel. Olyankor lehull a lepel, lehull az álarc és

szembesülnünk kell saját hazugságainkkal. A fájdalom vele járója ennek a folyamatnak. Jelzi, hogy jó úton járunk. Ha benne maradunk és nem futunk el előle, megadja a motivációt és az energiát a változáshoz. A változáshoz, hogy elengedjük az illúzióinkat, hogy ne hazudozzunk többet magunknak és másoknak. És ha ezt megtesszük, képesek leszünk a színfalak mögé látni, megláthatjuk mi az életünk valódi értelme és feladata. Rájövünk, hogy az anyagi javak és élvezetek hajszolása zsákutca. Rálátunk hazug kapcsolatainkra és hamis boldogságunkra. Meglátjuk a szavak és tettek mögötti önzést és érdeket. Felébredünk. És látjuk, hogy hazugság volt egész addigi életünk. Megpillantjuk a sunyi és ravasz kis játékokat amiket önmagunkkal játszunk. Felismerjük, hogy milyen töménytelen szenvedést okoztunk így magunknak. Mert az elménknek kell a dráma. Kell a szenvedés mellyel fátylat húzhat szemünkre, hogy ne lássuk meg az igazi értékeket és feladatainkat. Egyre mélyebbre ássuk magunkat a gödrünkbe, hogy soha ne láthassuk meg a napot, hogy soha ne érinthessünk meg másokat.

De amint kiismered az elméd aljas kis trükkjeit és játékait, szabad vagy. Miután megpillantod a saját sötét oldalad már nincs benned több félelem. Ezzel a felismeréssel mécsest gyújtasz, s az árnyékok eltűnnek. Megbarátkozol a fenevaddal akivel együtt élsz, aki benned él. Ahogy elmúlnak a félelmek, a fenevad megszelídül. Amint felhagysz a belső játszmákkal a létszomj megszűnik. Minden a helyére kerül, s magába fogad a Létezés.

Szája kiszáradt, szavai elakadtak. Lelki szemei előtt rég

elhunyt kedvesét pillantotta meg. Mintha menyasszony lett volna, fehér ruhában, kitárt karokkal várta őt. Arca kortalan volt, s ragyogott.

- Eljöttem hát érted, ahogy ígértem! - mondta szelíden. Kézen fogta, s kiléptek a szobából. Szélsebesen szálltak emlékeik közt. Öröm és fájdalom, vörös és fekete képek váltották egymást emlékeikben, s ők egyre közelebb kerültek egymáshoz. Végtelen vizek fölött röpültek, kéz a kézben, s fényük egyre nőtt, ahogy egymás körül keringtek egyre sebesebben. Gondolataik elcsendesedtek, vágyaik elhalványultak, ahogy megtalálták azt amit mindig is kerestek: a feltétel nélküli szeretetet és elfogadást, a tökéletes egység állapotát. S ekkor eggyé váltak, eggyé váltak egymással, s a mindent körülvevő, átjáró és éltető fénnyel és szeretettel.

A kislány arcán könnycseppek gördültek végig. Nagypapa szemei a távolba meredtek, nem lélegzett. A távolban gyönyörű szivárványra lett figyelmes. Nagyapja kezében kis cetlit talált, a cetlin nagypapa kézírásával ez állt: „Drága Kisunokám! Légy elég bátor és erős megélni és kifejezni az érzéseidet! Őrizd meg azt a sok szeretetet és nyitottságot ami benned van, mert csak így találhatod meg azt aki vagy! Bármi is történjék veled az utad során, ne feledd: másokat szolgálni és segíteni, tanulni és fejlődni jöttünk e világra! Hallgass mindig a szívedre, a belső hangra! Ha így teszel, harmónia lesz a lelkedben és az életedben és összhangban leszel a Létezéssel.
Ne félj önmagad lenni! Légy te az a mécses, mely eloszlatja a sötétséget!
Örök szeretettel ölel nagyapád."

A beavatás

„A titkos tudományok útjára senki se lépjen rá vakmerően, mert ha egyszer elindult rajta, célhoz kell jutnia, különben elveszett. Ezen az úton kételkedni annyi, mint eszelőssé válni, megállni annyi, mint elbukni, visszahőkölni annyi, mint feneketlen mélységbe zuhanni" - újra meg újra eszébe jutottak ezek a mondatok, amikor ismerősei vagy a saját életén elmélkedett.

Talán mégiscsak a kék tablettát kellett volna választani, a boldog tudatlanságot, az önfeledt dagonyázást a saját mocskában, mások hibáztatását a problémái miatt, a véletlent okolni a kudarcokért, betegségekért és a büszke mellveregetést a sikereiért, a végtelen önzést, a pénz és az érzéki örömök mértéktelen hajszolását?

De már nem volt visszaút, a piros tablettát választotta és rálépett az ösvényre. És azóta minden a feje tetejére állt.

De már nem bánkódott emiatt. Hagyta, hogy megtörténjenek vele a dolgok. Megtanult nevetve sírni, megtanulta elengedni a ragaszkodást a saját elképzeléseihez, megtanulta elengedni az akarást, hogy vágyait és merev elképzeléseit ráerőszakolja az univerzumra.

Rájött, hogy elvárásaival és akaratával hogyan öli meg a jelen törékeny szépségét. Már nem kínozta magát bűntudattal hibáiért, s kezdte magát szeretni és elfogadni olyannak amilyen. Nem érzett haragot se mások se maga felé, mert meglátta a szeretetet másokban is és felismerte mennyi fájdalmat és szenvedést okozunk magunknak és környezetünknek tudatlanságunk és ragaszkodásunk által.

Volt amikor tisztán látta múltját és jelenét, felülemelkedett saját mocsarán és madártávlatból és végtelen szeretettel a szívében tudta szemlélni a dolgait. Rájött, hogy az életet milyen egyszerű szabályok irányítják, s észrevette, hogy a mocsárból kivezető úton mindig megjelenik előtte egy kő, vagy egy fadarab amire a következő pillanatban lépni tud. Ehhez persze az is kellett, hogy ne akarjon egy általa kitalált irányba haladni, hagyta, hogy az univerzum irányítsa lépteit.

Miközben a reggeli nap besütött az ablakon, forró teát szürcsölgetve eszébe jutott egy idézet: „akik a tanításokat nem vizsgálják meg értelmesen, az nekik csak a kárukra válik és hosszas szenvedéshez vezet, azért mert ők a tanítást rosszul fogták fel".

Évekbe telt neki is, mire kezdett tisztulni a köd és kezdte megérteni miről is szólnak a tanítások amiket oly buzgón gyakorolt. Már nem hibáztatta magát ezért, hiszen nehéz értelemmel megérteni a szívnek szóló szavakat és gondolatokat.

Már gyerekkorában is vonzották az ember feletti képességek, ösztönösen vonzódott az Atlantiszról szóló történetekhez és elbűvölte a távoli és mesés Tibet. Mohón kutatott minden információ után ami e mitikus tájakról szólt. És már az első beavatásán érezte: hazaérkezett.
De ő is bele esett abba a hibába, mint oly sokan: különlegesnek érezte magát, s azt hitte élete az örök derű

és napfény állapotába lépett. Hajtotta a becsvágy, hogy egyre többet és többet tudjon, hogy egyre többet tapasztaljon. S szinte észre se vette, hogy önzését még nagyobb tökélyre fejlesztve szinte már csak magával és a gyakorlással foglalkozott.

Aztán a keserves csalódások észhez térítették, lepucolták a tudatát. Megtanulta a leckét. Elfogadta a fájdalmat, s az tanítójává vált. Rájött, hogy miért jött és mik a feladatai, s képessé vált szembenézni önmagával még ha az sokszor fájdalmas is volt.

A kisgyerekekből merített hitet és erőt, csodálta őket ahogy járni vagy beszélni tanulnak. Nem szegi kedvüket a kudarc, nem büntetik magukat bűntudattal ha hibáznak. Ha elesnek felállnak és újra és újra próbálkoznak amíg össze nem jön a mozdulat.

Pont mint az indiánok esőtánca, tökéletes hatékonysággal működik, mert addig nem hagyják abba, míg el nem ered az eső.

Már nem lepte meg ha újabb gonddal vagy problémával került szembe, a feladatot látta bennük, felismerte az élethelyzetekben rejlő tanítást. Egyre inkább mindent saját tudata tükreként tapasztalt meg, s hálás volt azért, hogy itt az anyagi világban másokat segítve dolgozhat magán.

Bár a hullámok időnként összecsaptak a feje fölött, s olyankor azt se tudta hova kapjon, de a befektetett munka gyümölcsei, még ha lassan is, de kezdtek beérni.

Sokáig ő is menekülésként használta a tanokat mint oly sokan, hogy minél távolabb kerüljön az anyagi világ sáros és véres-verítékes valóságától. Egy távoli mesés helyre törekedett, vissza a forrásba ahonnét jött, de a faladatok itt és most voltak körülötte és mindig visszarántották őt a rideg valóságba. Idő kellett az elfogadáshoz, idő kellett ahhoz, hogy hálás legyen.

Idő kellett, hogy tudatát ne a lehető legtávolabbi helyre helyezze az itt és most helyett, hogy észrevegye a jelenben megjelenő feladatokat és hajlandó legyen azokat megoldani. Fájdalmas, amikor az ember a távoli szférákból visszatérve egy bűzlő pöcegödörben találja magát hirtelen, a saját piszkában nyakig elmerülve. De kellett ez a felismerés a változáshoz, a változtatáshoz. Rájött, a Nirvána nem egy távoli hely, hanem itt és most van. Csak bele kell helyeznie magát. Rájött, hogy mindig is a része volt, csak eddig elterelte a figyelmét ravasz kis játszmáival, amiket önmagával játszott, elterelte a figyelmét a drámákkal amiket létrehozott magának.

Mert mindent elkövetünk, hogy önnön hazugságainkat alátámasszuk és fenntartsuk. Kell a dráma, a szenvedés, hogy sajnáljuk és sajnáltassuk magunkat. Kell a fájdalom és a bűntudat, hogy önmagunkat gúzsba kössük, hogy csalódásból és kiábrándultságból emeljünk magunk köré magas falakat. Mohón szomjazunk a boldogságra, de rettegünk kilépni a falakon túlra. Ragaszkodunk merev elképzeléseinkhez, ragaszkodunk a tudatlanságunkhoz. De minden elválás és elengedés lyukat üt magas falainkra, s emlékeztet önnön elmúlásunkra s a végső valóságra. Eszünkbe juttatja hazugságainkat, mert legbelül, szívünk legmélyén tudjuk, hogy a kártyavár, mit hazugságokból építettünk bármikor összedőlhet, s mi ott állunk majd csupaszon. A létezés örvénye magával ragad, s kihunyunk mint egy csonkig égett gyertya lángja.

S mégis, legnagyobb félelmünket nem is az elmúlás táplálja, hanem a nem-létezés igazságától való zsigeri félelem. Rettegünk, hogy kiderül, hogy soha nem is léteztünk úgy és abban a formában ahogyan mi azt tapasztalni szeretnénk. Ezért felépítünk egy álom világot, egy virtuális valóságot, biztosnak tűnő pontokat és elképzeléseket alkotunk és körmünk szakadtáig ragaszkodunk hozzájuk. Magas falakat emelünk, s fel vagyunk háborodva amikor ledönti őket a vihar. Civilizációkat, vallásokat, izmusokat kreálunk, ragaszkodunk a kényelemhez és a biztonsághoz, s rettegünk, hogy egyszer majd szembe kell nézni hazugságainkkal.

De legkésőbb életünk végén számot vetünk. Mit terveztünk és abból mit valósítottunk meg. S ha sikerült megint jó messzire letérni utunkról, jön a bűntudat, mely egyre lejjebb és lejjebb taszít minket.

Kezdte kiismerni magát, kezdett átlátni elméje piszkos kis játékain. Aktívan és tudatosan kereste az egyensúlyt és a harmóniát. Rájött, hogy a harmónia nem egy statikus állapot, egy elérendő cél, hanem mozgás és dinamizmus, folytonos egyensúlyozás a végletek közt. Egyensúlykeresés az ellentmondások és az egymásnak feszülő erők közt. Felismerte, hogy a végletek milyen messzire viszik önmagától és a harmóniától. Kereste az egyensúlyt értelem és érzelem, tudás és szeretet között. Megtapasztalta hogyan tereli mederbe sebes folyamként hömpölygő érzéseit az értelem és az önfegyelem. Elfogadta a gondolatok és érzések jelenlétét, de figyelmével nem háborgatta őket és hagyta őket elcsendesedni, megnyugodni. Megtalálta a lelki békét.

Épp egy parkon sétált keresztül, nézte a nyüzsgő, rohanó világot, érezte az arcát simogató napsugarakat, mélyen magába szívta a virágok illatát, melyet a tovarohanó nyári szellő sodort az útjába. Nézte a járókelőket, szinte érezte a bennük lakozó sok sérelmet és fájdalmat miket oly régóta cipeltek. Látta hogyan roskadoznak gondolataik s gondjaik terhei alatt. Szinte szürkék voltak a sok magukra öltött páncéltól melyet kín-keservesen hordtak magukon.

Léptei könnyedek voltak, érezte a lábai alatt ropogó apró kavicsokat, átadta magát a járás örömének, szinte táncolt, ahogy egyik lábáról a másikra helyezte a testsúlyát.

Hirtelen egy ismerős szempárra lett figyelmes, tekintetük találkozott. A lány szemében benne volt minden mit egy ember érezhet, látta a vágyat, a haragot, a csalódást, az örömöt, hogy újra látják egymást, a vágyat, hogy megölelje, s hogy elfusson olyan messzire amennyire csak tud.

Szerelem első látásra? Nem, ez annál sokkal mélyebb volt. Mintha rég nem látott barátok vagy testvérek találkoztak volna. Amikor a lány szemébe nézett mintha saját lelkét pillantotta volna meg. Képtelen volt gondolkodni. Tette amit tennie kellett, odament és megszólította a lányt.

De nem volt többé a maga ura. Úgy érezte a kozmosz két pólusa feszül egymásnak, mint két neutron csillag, mely egymás körül egyre gyorsabban keringve üldözi, hajtja egymást míg végül egymásba nem olvadnak egy nagy fellobbanásban.

Világa kártyavárként omlott össze, falai leomlottak, sose volt még ennyire meztelen. Megnyílt teljesen, átadta magát a lánynak, feladta belső harcát, vívódásait.

Tudta, érezte, ez a beavatás minden korábbinál mélyebb és erősebb lesz, teljesen átformálja majd őket, érezte, hogy új élet nyílik majd a füstölgő romokon.

Az ösvény

Hideg őszi reggel volt, dér fedte a megdermedt tájat. A nap fénye meg-meg csillant a bokrok ágain és rügyein. Csend volt, végtelen csend és nyugalom, csak a léptei ropogása visszhangzott szerte a tájon. Fülében hallotta szíve lüktetését, érezte ahogy a csípős, friss levegő utat tör magának az orrán és légcsövén keresztül, le a tüdejébe, egészen a legapróbb léghólyagokig. Élvezte, ahogy az éltető oxigén szétárad az egész testében.

Megállt egy pillanatra, s körülnézett. Ekkor hirtelen elöntötte szívét és tudatát a táj határtalan szépsége és tökéletessége, szemei könnybe lábadtak, s ő ott állt mozdulatlan, a szikrázó napsütésben, szerelmesen minden létezőbe. Tudata teljesen kitisztult, s lelkét határtalan hála járta át.

Megértette mennyire tökéletes a mindenség, hogy minden éppen olyan amilyennek lennie kell, hogy minden és mindenki a helyén van. Átkarolta és szárnyai alá vette a gondviselés.

Azóta gyakran történt vele hasonló, hogy pár pillanatra megállt az idő, s ő belépett a teljesség boldog és önfeledt állapotába.

Amikor rálépett az önismeret – amit mestere szívesebben nevezett Én-ismeretnek – ösvényére, még nem sejtette, hogy az ennyire rögös és keskeny, nem sejtette, hogy önmagunkká válni ennyire fájdalmas tud lenni. De hiszen minden születés dolgos és fájdalmas, hát még az újjászületés – vigasztalta mestere.

Most is épp hozzá tartott kérdéseivel, ami volt bőven. Hiszen addigi élete darabokra hullott szét, s ő csendes elfogadással nézte, ahogy gondosan felépített légvárai sorra összedőlnek és kénytelen volt szembesülni saját árnyékaival. Úgy érezte megrekedt két part között, a régi életét már kinőtte, de a túlpart messze volt még, nagyon messze.

Egyre magányosabbnak érezte magát, egyre kevesebb volt a közös téma régi barátaival és ismerőseivel. Hónapról hónapra, sőt, szinte hétről hétre változott, s ennek megfelelően változott a külvilág is vele együtt.

Először azt a munkát hagyta ott, amit már több mint tíz éve csinált. Amikor meghozta a döntést, végre szabadnak érezte magát, oly szabadnak, nem is emlékezett rá mikor volt ilyen érzése utoljára. Szabadesésben volt, s élete olyan időszakába érkezett, amikor bármi megtörténhet, majd annak ellenkezője is, egyik napról a másikra.

A álmok, célok és ötletek szélsebesen váltakoztak tudatában.

Megtalálta élete párját, aki amilyen hirtelen felbukkant életében olyan gyorsan el is tűnt onnan.

Egyre mélyebben volt jelen a most-ban, s így a tegnapok egyre távolabbinak tűntek. Kezdett összefolyni valóság és képzelet amikor ráeszmélt, hogy hogyan teremti meg a valóságot imaginációja segítségével. Kezdetben még csak félig tudatosan, majd egyre inkább odafigyelve gondolataira és belső képeire.

Bárkivel is találkozott, mindenkiben felfedezte a tükröt, amit eléje tartottak, kezdett minden emberi kapcsolata élő tanítássá változni. Észrevette hogyan teremti meg a maga valóságát az aktuális hangulata, hogyan befolyásolja őt az események értelmezésében, s az értelmezés, hogyan hat vissza a külvilágra.

Egyre jobban zavarta, hogy a múltban él, mint mindenki más is, hogy múltbeli vágyak és szokások hogyan befolyásolják a jelenbeli döntéseit. Vágyott rá, hogy végre önmaga legyen, hogy végre a jelen életét élje meg a jelen pillanatban, múltban gyökerező elfogultságok és ragaszkodások nélkül.

Meglátta az ismétlődő mintákat saját életében.
Kezdte megérteni, hogy hogyan teszi tönkre az életét az akarás, amint megpróbálja ráerőszakolni saját akaratát az univerzum végtelen energiáira, s felfogta azt is, hogy ez a közdelem mennyire reménytelen és értelmetlen.

Így hát amikor csak tehette, azaz amikor elég éber és tudatos volt hozzá, belehelyezkedett a jelenbe. Volt egy varázsmondata is, ami mindig segített:
„Ha ez lenne életem utolsó napja, vajon hogyan döntenék, hogyan viselkednék ebben a helyzetben?"
Ez a varázsmondat mindig segített neki fenntartani a pozitív energia áramlást szívében és tudatában.

Persze voltak mélypontok és hullámvölgyek. Volt amikor legszívesebben kilépett volna ebből a játékból, amikor úgy érezte már túl sok a megoldásra váló feladata egyszerre. De mindig erőt vett magán, mert tudta, a feladatok mindaddig kísérteni fogják, amíg meg nem oldja őket.

Sokszor úgy érezte magát mint egy kötéltáncos, akinek folyton egyensúlyoznia kell ahhoz, hogy fenntartsa az egyensúlyt, a harmóniát, akinek folyton meg kell találnia a középutat két szélsőség között. Se túl feszes, se túl laza – ahogy egy nagy tanító mondta évezredekkel ezelőtt.

Ezt a kényes egyensúlyt megtalálni azonban csak gyakorlás útján lehet, megpróbálni, arcra esni, felállni, levonni a tanulságokat, majd újra megpróbálni. Kezdetben az arcra esés még nagyon fájdalmas volt, de idővel megszokta, sőt, megtanult nevetve sírni.

Idővel egyre biztosabbá vált a bizonytalan holnap, mert minél jobban le tudta vonni a tanulságokat egy-egy eseményből, annál inkább tudta, milyen helyzetekkel találkozhat a jövőben. Így ezeket a próbatételeket már nem sorscsapásként, vagy traumaként fogta fel, hanem sokkal inkább élő tesztekként, vizsgákként, ahol azokból a „tárgyakból" pótvizsgáznia kell ahol nem ért el megfelelő eredményt.

Sajnos, az ösvényen csak azok mennek át a teszteken, akik száz százalékosra teljesítenek. Öröm az ürömben, hogy ahogy javultak a teszteredmények, úgy csökkentek a tesztek nehézségi szintjei is.

Odaért mesteréhez, aki már lótuszülésben várta őt a kert végében egy nagy diófa hűs árnyékában.

- Már vártam az érkezésed! - köszöntötte tanítványát.

- Mester, mostanában egyre több bennem a fájdalom. Fel-fel tör, feneketlen mélységekből. Pedig rendszeresen

50

és kitartóan gyakorlok, ami segít is ideig óráig, de aztán újra és újra erőt vesz rajtam ez az érzés. Szeretnék itt lenni, jelen lenni, de érzem, hogy a múltbeli vágyak és ragaszkodások és döntések rabja vagyok.

- Mindannyian a múltunk rabjai vagyunk! Milliószor mondtuk már ki magunkban: „bárcsak kapnék még egy esélyt"! Egyre nő bennünk a vágy, hogy régen elkövetett hibáinkat, bűneinket kijavítsuk, helyrehozzuk. Abban reménykedünk, hogy ha újra találkozunk ragaszkodásaink tárgyaival és személyeivel majd bepótolhatjuk mindazt, amit a múltban elmulasztottunk. De az elválás, a búcsú napja mindig elérkezik, s nem marad más, mint múló emlékeink és az elválás végtelen fájdalma és keserűsége. - mondta a Mester, majd így folytatta:

- Azért érzed ezt a fájdalmat egyre erősebben, mert gyakorolsz és képes vagy ránézni ezekre a mélyen eltemetett negatív érzésekre. Legtöbben ezeket mélyen elássák, mert azt hiszik, mint a strucc aki homokba dugja a fejét, hogy ha nem látják, nem érzik, akkor az nincs is ott.

Újabb és újabb terveket és vágyakat szövünk, hogy majd legközelebb, jól csináljuk, vágyunk rá, hogy újra együtt legyünk szeretteinkkel, de nem vesszük észre, hogy ezzel a sok vággyal és ragaszkodással egy elvarázsolt kastélyt teremtünk magunknak, melynek nincs kijárata. Végtelen ciklust hozunk létre, melyből nincs kiút, melynek nincs se kezdete se vége. Foglyul ejtjük magunkat a rengeteg vággyal és ragaszkodással, s nem vesszük észre, hogy egyre mélyebbre kerülünk saját álmaink hálójában.

Egyszer a fájdalom olyan erőssé válik, hogy a spirituális ösvényre lépünk, hogy aztán spirituális fogadalmakat tegyünk és spirituális vágyakat keltsünk életre

51

magunkban. Rálépünk a keskeny ösvényre, de nem vesszük észre, hogy az is a végtelen ciklusban tart minket. Játszadozunk az elvarázsolt kastélyunkban, az általunk kreált szereplőkkel, némelyekhez határtalanul ragaszkodunk, míg másoktól végtelenül undorodunk. S minél több fogadalmat teszünk, minél több vágyunknak adunk teret, annál nagyobb lesz a zűrzavar, annál inkább leköt és fogva tart az elvarázsolt kastély.

- Akkor mi a kiút? - kérdezte elszomorodva a tanítvány.
- Nincs kiút! A ciklus önmagába záródó és végtelen. Majd ha a benned levő fájdalom elég nagy lesz, kénytelen leszel megállni egy pillanatra, s akkor majd észreveszed, hogy a börtönödet te hoztad létre vágyaiddal, ragaszkodásoddal, akaratoddal. És mivel minden embert a teremtő Isten saját képmására és hasonlatosságára teremtett, megteremthetsz te is amit csak akarsz.

Jelenleg még a saját pszichózisodat teremted újra és újra, végtelen ciklusban.

Amikor felismered, hogy a rémálomból a kiút nem egy jobbnak remélt álomba menekülés, ami később megint csak rémálommá válik, hanem a felébredés, akkor elérkeztél a ciklus végéhez, de amíg ragaszkodsz az álmaid szereplőihez és egy jobbnak vágyott álomba menekülve próbálsz velük újra kapcsolatba kerülni, addig csak egyre mélyebbre és mélyebbre rántod magad az illúzióid tengerében.

- De mi ennek a tenger sok ragaszkodásunknak a forrása?
- Valahol mélyen eltemetve él még az emléke annak akik valójában vagyunk. Mint egy távoli, pislákoló fény az alagút végén. Ezt keressük, önmagunkat, s egyre nagyobb zavarodottságunkban egyre jobban

ragaszkodunk mindenhez, ami valódi énünkre emlékeztet. De nem vesszük észre, hogy minél jobban keressük és minél jobban ragaszkodunk ködös emlékeinkhez, annál távolabb kerülünk önmagunktól és a felébredéstől.

- Akkor mit tegyek most? - kérdezte a tanítvány tanácstalanul.

- Folytasd a gyakorlást! Maradj nyitott minden helyzetben! Majd egyszer a fájdalom oly erőssé válik, hogy kiszakít múltból és jövőből és feltárja előtted a jelen csodálatos valóságát. Akkor majd eltűnik szemed elől az elvarázsolt kastély a maga tízmillió tükrével, sőt, megszűnik a fájdalom is, amint felismered, hogy a fájdalom is a kastély része volt, nem a tiéd. Akkor majd megtapasztalod a tiszta ragyogást és szeretetet, ami vagy! De addig is, merj élni és szeretni!

Létszomj

Különös, álomszerű képek kavarogtak a tudatában, nehezére esett eldönteni, hogy ezek emlékek, vagy álomképek. Magas nyírfák lombjainak suhogását hallotta, majd szélsebesen szállt zöldellő rétek és dombok fölött. Egy kis tavacska partján megpihent, megpillantotta a kék égen lomhán tovaúszó bárányfelhőket, majd hirtelen minden elsötétült és a holdkaréj és a csillagok pislákoló fénye tükröződött a tó mozdulatlan vizében. Megrémült. Nem emlékezett már mióta tartott ez az álom, vagy álomszerű valóság.

Egy templomban volt, kórus énekét hallotta, szülei – vagy azoknak tűnő idősebb emberek között ült, akik mindig nyugtatóan hatottak számára. Ő a szüleinek érezte őket, de ebben se volt biztos, mint ahogy mostanában semmiben se volt az.

Mióta is tart ez az álom? Elgondolkozott...

Próbálta megkeresni az utolsó, valóságos emlékeket, de mindhiába. Végtelen csapongás lett belőle. Örömök, könnyek, fájdalmas és szép emlékek váltották egymást, mindenféle rendszer és sorrend nélkül. Távolinak tűnő korokban járt ismeretlen utcákon, majd kis fészekben találta magát, magasan egy hatalmas nagy fa ágain.

Minden erejét összeszedve rendet tett gondolatai közt és elhatározta, hogy hazamegy. De mire ezt kigondolta már ott is volt, a megszokott környezetben, a biztonságot és annyi szeretetet adó otthonában. Ott állt a nappaliban, de senki se köszöntötte, s bármit is mondott rá se hederítettek és ez nagyon rosszul esett neki. Sírni szeretett volna, de nem tudott.

Az idős hölgy, aki a felesége volt, felállt a hintaszékről – amit hosszú évtizedekkel azelőtt kapott tőle - és lassú léptekkel elindult a konyha irányába. Követte őt, megpróbálta megérinteni, megfogni a karját, majd a vállát, de hiába.

Az előszobába érve sokkolta a látvány, illetve annak a hiánya. A tükörben csak a felesége tükörképét látta, saját magáét nem, bármennyire is erőlködött.

Mi történhetett?? - kérdezte magától kétségbeesve.

Megint elvesztette tudatosságát és amikor visszanyerte, még mindig ott volt az előszobában, a tükör előtt. Látta magát a földön fekve, látta a feleségét zokogni, látta a kiérkező mentőket. Majd a következő pillanatban megint ott állt a tükör előtt, némán, szótlanul, tükörkép nélkül.

Teljesen megzavarodott az időérzéke, nem tudta éppen a jelenben vagy a múltban van-e, nem tudta a jelent tapasztalja-e éppen, vagy emlékei közt jár-kel, vagy netán csak képzelete tréfálja-e meg újra és újra.

Temetésen volt. Sok ismerős, barát és rokon arcát vélte felfedezni. Hét ágra sütött a nap, az árnyékos helyeken hófoltok voltak itt-ott. Hideg lehetett, mert mindenkin vastag nagy kabát volt, de ő mégse fázott.

Apró kis urnát helyeztek be egy még üres urnafülkébe, majd ráhelyezték a tetejét. A fedőn az ő neve volt olvasható. És igen, a születési dátum is egyezett!

Nem, az nem lehet! - gondolta magában. - Nem halhattam meg! Hiszen még élek, érzékelek, gondolkodom!

Belehasított a felismerés. Rövid időre kitisztult a tudata, az emlékei összerendeződtek. Úgy tűnt, mégis megtörtént, megtörtént amitől annyira rettegett. Hiába tagadta, hiába nem akart szembenézni a tényekkel, lassan el kellett fogadnia: elhagyta földi porhüvelyét.

Belehasított a fájdalom, szinte szétszaggatta lelkét és elméjét. Nincs több napsütés, napozás a dél-nyugati fekvésű, mindig kellemes, mediterrán klímájú teraszon. Nem érzi többet a kedvenc rózsája illatát, nincs több séta a parkban.

Emlékeiben még érezte a frissen sütött kifli illatát.

Érezte, ahogy ropog a hó a talpa alatt és látta ahogy, sűrű nagy pelyhekben hull a hó.

Emlékezetében ott ült a stégen, s élvezte a napsugarak simogató érintését, s a vízen játszó fényeket és hullámokat.

Emlékeiben ott volt az idős hölgy mellett, akivel fél életét együtt töltötte. Aki annyit nyaggatta, aki oly sokat zsörtölődött vele. S akinek mégis oly keveset mondta: szeretlek.

Bűntudat kínozta. Bűntudat, egy önzőn elvesztegetett életért. Bűntudat a ki nem mondott szavakért és érzésekért. Bűntudat a lezáratlan dolgokért és ügyekért.

Bárcsak kapnék még egy esélyt! - gondolta magában. - Bárcsak újrakezdhetném!

Pedig tulajdonképpen minta életet élt. Megházasodott, felnevelt két gyereket, szorgalmasan dolgozott egy életen át. És mégis, hiányérzete volt és bűntudat gyötörte.

Hol ronthatta el? Mit csinálhatott rosszul? - töprengett magában.

Tejfehér köd kavargott körülötte, tejfehér fényesség. Bár szinte semmit nem látott a fehérségen kívül, mégis, hosszú idő óta először érezte magát otthon, először nyugodott meg teljesen. Itt nyoma sem volt haragnak, fájdalomnak, bűntudatnak. Halk zenét hallott, kellemes, lágy, nyugtató zenét, ami gyerekek kórusára emlékeztette őt. Az őt körülvevő fény egyre erősödött, mindent átjárt és beborított. Semmi se volt ott, csak a nagy fényesség, melyben ő is szinte teljesen feloldódott.

Majdnem teljesen feloldódott abban a végtelen harmóniában és szeretetben ami a fényből áradt. Most teljesen megszűnt az időérzéke, benne volt a fényben és a fény őbenne.

Ebben a határtalan békességben és ragyogásban egy ismerős alakra, egy ismerős arcra lett figyelmes. Követte őt, bár gyakran eltűnt a kavargó, örvénylő fehérségben, majd kicsit később, kicsit arrébb újra feltűnt az a kedves arc, kinek könnyed és kecses járása teljesen megigézte őt. A fényesség halványulni kezdett, ritkult a köd, s ők hirtelen ismerős tájakon át szálltak sebesen.

Egy patak partján megpihent. Inni próbált mert szűnni nem akaró szomjúság és éhség gyötörte, de nem tudott. A víz kifolyt a tenyeréből mire szájához emelte, s az étel, mint délibáb eltűnt előle mindig, mikor épp meg akarta fogni.

Menedéket keresett, de nem talált. Ismeretlen házakban és utcákon bolyongott, délibábos homokdűnék fölött sodródott, megbarnult falevelekkel kavargott hideg őszi

57

szelek hátán. Meg akart állni, de nem tudott. Igyekezett uralni gondolatait és érzéseit, de képtelen volt rá. Hűvös és sötét sikátorokban tévelygett, ahol az utca kövén szemetet görgetett a fagyos hajnali szél.

Egy ablakra lett figyelmes, ahonnét meleg, narancssárga fény szűrődött ki a függönyön át. A szobában gyertyák pislákoltak, s az ágyon egy gyönyörű meztelen nőre lett figyelmes. Sokáig nézte, megbabonázva, s különös érzések lettek rajta úrrá. Egyszerre érzett intenzív vágyat, s mély szeretetet, sőt szerelmet, s ugyanakkor, biztonságban is érezte magát a nő közelében, biztonságban, amilyet utoljára kicsiny gyerekként érzett.

Ekkor vette észre, hogy a nő nincs egyedül, sőt, éppen szeretkezik a párjával, aki az ágyon feküdt hanyatt, s a nő az ölében ringatózott, egyre gyorsabban és gyorsabban.

Féltékenységet és haragot érzett a férfi iránt, mert úgy érezte elvette tőle ezt a csodálatos lényt, ezt a gyönyörű és kedves angyalt, akit hosszú percek óta nézett némán és mozdulatlanul.

Nézte a nőt, ahogy hintázott, ringatózott, szemét becsukva átadta magát az egyesülés gyönyörének. Nézte a különös párt, s a köztük levő szenvedély keltette hullámokba maga is beleszédült. Látása elhomályosult és egyre jobban magával ragadta a hullámzás és az örvénylés. Kapálózott, de az örvény egyre csak lejjebb húzta őt. Nem volt menekülés, tehetetlennek érezte magát. Fogalma se volt mi történik vele, figyelme beleroskadt a hullámzó érzésekbe.

Körülölelte az éjfekete sötétség, csak halk, ütemes dobogást hallott valahol a távolban, amikor épp visszatért az öntudata egy rövidke időre. Ismeretlen és különös helyen volt, de mégis végre otthonosan és biztonságban érezte ott magát. Elmúlt az éhség, a szomjúság, s kellemes, lágy melegség vette őt körül minden irányból. Megérkezettség érzése volt, úgy érezte, végre hazatalált.

A mágus

A mágus lótuszülésben ült, szemei csukva voltak, tar koponyáján meg meg csillant a pavilonban levő mécsesek fénye. Mélyen ülő szemei, rövid, fekete kör- és kecskeszakálla ijesztő és egyben vonzó külsőt kölcsönzött számára. Teliholdas éjszaka volt, az égen az Orion delelt fent magasan, a Szíriusz hideg és távoli fényével beragyogta az éjszaka sötétjét. Fülledt nyár este volt, a kabócák ciripelése hullámokban törte meg az éjszaka csendjét és nyugalmát.

A vendég leült a mágussal szemben pár méterre levő gyékényre és türelmesen várt. Nagy utat tett meg idáig.
Óráknak tűntek a percek, már a hold is lenyugodott, mire a mágus mély hangja megtörte a néma csendet.
- Minek jöttél ide? - kérdezte mozdulatlanul, csukott szemekkel.
- A segítségedre van szükségem, ó nagy Mágus! Bármit megadok, amit csak kérsz, ha segítesz nekem!
- Bármit? Ugyan mit tudnál te nekem adni? - kérdezte nyugodt, mély hangján.
- Odaadom minden vagyonomat, sőt ha akarod szolgállak életem végéig, sőt még azután is, ha úgy kívánod!

A várakozás percei megint óráknak tűntek, csak a mécsesek pislákoltak nyugodtan, türelmesen.

- És miért oly fontos neked az a lány? - kérdezte a mágus, megtörve a csendet. Szemeit kinyitotta és szélesre tárta. Fekete szemei sötétebbek volt a legsötétebb éjszakánál is, de mégis szerető melegség és együttérző figyelem áradt belőlük.

A látogató szavai és gondolatai elakadtak, elbizonytalanodott ottlétét illetően, bolondnak és gyermetegnek érezte magát hirtelen. Nagy nehézségek árán azonban összeszedte gondolatait és minden lelkierejét és kiöntötte lelkét, s szíve minden búját, s bánatát.

- Ő az én lelki társam, ikerlángom. Vele lenne csak igazán teljes az életem. Azóta szeretem őt, mióta először megpillantottam. Szinte gyerekek voltunk még akkoriban. Minden napot együtt töltöttünk, együtt dolgoztunk atyám műhelyében, s együtt néztük minden este az Esthajnal csillagot, s álmodtunk közös álmokat. De egy baljós, hideg téli hajnalon, arra járt a Sötét Nagyúr, a Fekete Bérc Ura, s szemet vetett az én kedvesemre. Másnap érte küldte az embereit, s azóta ott raboskodik az én párom a Fekete Bérc magas tornyaiban.

Kérlek segíts nekem kiszabadítani őt, hogy egymáséi lehessünk!

- Szembe akarsz szállni a Sötét Nagyúrral?? - kérdezte a Mágus, s felnevetett, majd így folytatta: - Bátor ifjú vagy! De tudatlan! Jó lelkű vagy, s azt hiszed, ha szembe szállsz a Sötét Nagyúrral, te a jó oldalon harcolsz majd. De tudva tudj és látva láss! Ifjú koromban, réges-régen, amikor még a nagyszüleid is kicsi gyerekek voltak, én is vágytam rá, hogy hatalmam legyen a dolgok és események felett. Vágytam rá, hogy akaratommal kedvemre befolyásoljam a teret és az időt, s mágikus gyakorlatokat végeztem, hogy uralmam alá hajtsam a szférák urait és szolgálóikat. Keményen fegyelmeztem a tudatomat, s kitartóan gyakoroltam. Tudásomnak idővel híre ment, s távoli vidékekről jöttek hozzám a segítségemet kérni. Sok embernek segítettem, volt kit a betegségétől szabadítottam meg, másokat balsorsuktól, volt kit a hálál karmaiból hoztam vissza az élők sorába. De vajon jóra használtam-e a tudásomat? Valóban segítettem-e ezeknek az embereknek? Mindannyian ragaszkodtok a boldogsághoz, az egészségetekhez, vágytok a jóra, s kerülnétek a rosszat. De tudjátok-e mi az, amit ti életnek neveztek? Tudjátok-e valójában mit műveltek örökös sóvárgásotokkal és ragaszkodásotokkal? A mágus szünetet tartott, majd így folytatta:

- Ha valóban oly fontos neked az a lány, holnap átevezel a közeli tó közepén levő kis szigetre. Ott eltöltesz negyven napot böjtölve, elmélkedve. És majd ha visszatértél, megkapod a válaszokat amiért jöttél.

A mágus becsukta szemeit, s tovább folytatta elmélyülését.

A vendég, ahogy a mágus mondta neki, másnap átevezett a tó közepén levő parányi kis szigetre, melyen csak egyetlen vénségesen vén fa tornyosult, leült a fa tövébe és megkezdte az elmélkedését.

A negyvenedik napon visszatért. Hosszú szakállal, lefogyva és legyengülve, de törve nem. Nem szegte kedvét a hosszas nélkülözés, célja tartotta benne a lelket, vágya, hogy újra lássa kedvesét kitartást és erőt adott neki.

A mágus még mindig ott ült a pavilonban, ahol legutóbb elváltak, s mely kellemes árnyékot és védelmet biztosított a trópusi nap perzselő sugarai ellen.

A vendég leült a gyékényre, s türelmesen várta, hogy a

mágus megszólítsa.

A mágus rá szegezte szúrós tekintetét, így szólt:

- Látom visszatértél épségben! Találkoztál-e a fenevaddal?

- Igen, találkoztam vele! Találkoztam lelkem poklával, a feneketlen mélységgel és sötétséggel, a harag és gyűlölet mocsarán át vezetett utam, s ragaszkodásom és vágyaim húztak, taszítottak végtelennek tűnő jeges és forró poklokon át.

- És láttad-e a forrás fenséges fényességét?

- Igen, láttam! Kétségbeesésem mélypontján, amikor minden hitem, reményem és erőm elhagyott, rám talált a maga végtelen fényességével, tökéletes teljességével, élénken vibráló nyugalmával és zúgva zengő csendjével és békességével. Körülölelt a mindenség, minden egy volt, s egy volt minden.

A mágus elégedetten végigsimította szakállát. Kifejezéstelen arcán mintha mosoly tűnt volna fel egy rövidke pillanatra.

- Elvonulásod alatt, készítettem neked egy minden vágyat beteljesítő kardot. Egy kardot, mellyel legyőzhetetlenné válsz, egy kardot mely akaratodat rögvest anyagba sűríti, mellyel szolgálatodba állíthatod a szférák urait és az őrzőket, mely megnyitja a menny és pokol kapuit ha szükséged van rá.

De jól vigyázz, s emlékezz szavaimra! Emlékezz a kiegyenlítődés törvényére! A ma szolgái a holnap urai lesznek, s kiknek ma engedelmeskednek, azok holnap engedelmes szolgák lesznek! Ez az Élet Törvénye! Ami fent van, úgy lent!

Háta mögül elővett egy arany markolatú kardot, s lassan,

méltóságteljesen kihúzta a hüvelyéből és odaadta a látogatójának. A kard szinte vakító fehér fényben úszott, mintha nem is evilági anyagból készült volna. Az ifjú kezébe fogta a kardot, mely szinte megbabonázta. Hatalmat nyert minden jó és rossz fölött, sötétség és világosság fölött. Hatalmat nyert más, hatalmas energiák és szellemek fölött.

De hogyan fog majd hatalmat nyerni önmaga fölött, hogyan fog majd uralkodni hajlamain, démonain, vágyain? - gondolta magában.

A mágus, mintha az ifjú gondolataiba látott volna, így szólt:

- Tartozik a kardhoz egy mantra is, mely segítségedre lehet a legsötétebb pillanatokban! Így szól: „Legyen meg a Te akaratod!"

Boldogság

Ösztönösen keressük a boldogságot és ragaszkodunk hozzá, ha már egyszer elértük, akár csak egy múló pillanatra is. Ha még nem tapasztaltuk meg, akkor is van róla valami homályos elképzelésünk, és vágyakozva, buzgón tevékenykedünk, hogy elérjük. De vajon tudjuk-e pontosan mit kergetünk? Meg tudjuk-e határozni, mi az a boldogság? Mi az aminek oltárán feláldozzuk értékes perceinket, értékes életünket?

Mi a boldogság? A hirtelen kellemes meglepetés okozta eufória? Vagy a szexuális egyesülés során megtapasztalt csúcspont? Netán a siker által kiváltott dicséret, büszkeség? Vagy egy szerető ölelés? A biztonságos, meleg otthon? Vagy talán a belső és külső harmónia?

Mi a boldogság? Egy tartós állapot, vagy csak egy vágy beteljesülésekor létrejövő euforikus érzet?
Lehetséges-e, hogy szenvedéseink oka épp a boldogságra való szüntelen törekvésünkben keresendő?

Mert mikor is lennénk tökéletesen boldogok? Ha álmaink párjával élnénk harmonikus, minden vágyunkat kielégítő párkapcsolatban, álmaink munkáját végeznénk, álom fizetésért, minden napunk egészségben, vígan telne, s nem lennének konfliktusaink se magunkkal se másokkal?
Vajon elérhető-e ez az állapot itt a Földön? Vajon mentesülhetünk-e az öregségtől, betegségtől és szeretteink elvesztésétől? Vajon történhet-e minden úgy ahogyan

szeretnénk?

Vajon a párunk a tökéletlen, vagy csak bennünk kevés a szeretet és az elfogadás? A munkával van-e baj amit végzünk, vagy csak úgy érezzük, túl olcsón adjuk el az időnket, ahelyett, hogy szolgálatnak tekintenénk életünket?

És van-e bármi ezen a világon amire, azt mondhatjuk: ez az enyém? Vagy mindent csak ajándékba kaptunk, kölcsönbe, megőrzésre, tapasztalásra, teremtésre, szeretetre? És ha a testünk, tudatosságunk, életünk mind ajándék, érdemes-e saját boldogságunkat hajszolva elvesztegetni létünket?

De ha nem saját önzőségünk szemüvegén át értékeljük a dolgokat, mi az értékes az életben?
Mi a motiváció a cselekvéshez?
Hogyan kerüljük el, hogy az önző létet feladva, ne váljunk mártírrá, önmegtagadóvá és önfeladóvá?
Kit válasszunk társul, ha már nem az a fő szempont, hogy ki tesz minket boldogabbá, ki elégíti ki a legtöbb vágyunkat a legrövidebb időn belül?
Milyen szolgálatot válasszunk, ha már nem az a cél, hogy olyan munkánk legyen mely büszkeségünket legjobban táplálja?

Ragaszkodás a boldogsághoz és büszkeséghez. Önnön börtönünk két leghatalmasabb bástyája.
Ki merünk-e menni a falakon túlra önként? Vagy megvárjuk, hogy bástyáinkat, s falainkat Mennydörgés tiporja porba? Merünk-e bízni magunkban és a

gondviselésben, vagy félelmeinknek engedve hátat fordítunk a hívó szónak? És meghalljuk-e a hívó szót a tevékenységeink által keltett káoszban és zajban?

Terméketlen sivár pusztasággá változtatjuk-e lelkünket, életünket s tudatunkat, vagy társteremtőként részt veszünk a Teremtésben?

Elfogadjuk-e az ajándékot amit kaptunk, vagy megtagadjuk azt, s ezáltal önmagunkat?

Áldássá válnak-e szavaink és tetteink vagy Istenkáromlássá?

Ha már nem önzőn viszonyulunk a Léthez, ha nem a „nekem ez jó", „nekem ez rossz" kettősségén keresztül szemléljük az Életet, mi alapján döntjük el mi a jó és mi a rossz?

Egyáltalán van-e értelme ezeknek a kettősségre épülő fogalmaknak?

Vissza lehet-e adni, le lehete képezni szavakkal, fogalmakkal a Létezés sokszínűségét?

Meg lehet-e ragadni szavakkal a Valóságot, vagy elillan előlünk, mint vízcseppek az összeszorított markunkból?

És mi marad a kettősségeken és a fogalmakon túl?

Behatolunk-e az örök jelenbe, ahol minden esemény egyedi, egyszeri, megismételhetetlen és katartikus?

Felismerjük-e a jelenségek semleges és pártatlan nagy-szerűségét? Megpillantjuk-e magunkat a Mindenségben és a Mindenséget önmagunkban?

Hol találjuk meg kérdéseinkre a válaszokat? S melyik ösvény vezet el minket oda?

S meg tudjuk-e érteni, fel tudjuk-e dolgozni a kapott válaszokat?

Lehetséges-e, hogy a válaszok bennünk vannak, itt és most?
És ha bennünk vannak a válaszok, mi, vagy ki gátol meg minket abban, hogy meghalljuk, meghallgassuk őket?

Talán csak nem szomjazunk még rájuk igazán, tiszta szívünkből?

Az örökkévalóság hullámai

A végtelen kék óceán örök mélységeiből feltörve, szelek által felkorbácsolva, rohannak a tenger hullámai a távoli partok felé. Bár hatással vannak egymásra és környezetükre, mégis az örök és végtelen óceán mulandó részei ők. Némelyikük lágyan és szelíden, míg mások vadul és tombolva csapódnak neki a part szikláinak, hogy aztán visszatérjenek a végtelen tengerekbe ahonnan jöttek.

Ők nem akarnak nagyobbak vagy kisebbek lenni mint amik, nem akarnak gyorsabban vagy lassabban rohanni végzetük felé – ugyan hogyan is tehetnék? Nem akarnak habzón, hömpölyögve megfagyni, nem ragaszkodnak semelyik pillanathoz sem. Pörögnek, gördülnek, hullámozva táncolnak, méltóságteljesen elfogadva sorsukat.

Mi emberek is olyanok vagyok mint a hullámok, az örökkévalóság hullámai.

Eljövünk az örök fényből, hogy aztán beleolvadjunk a végtelenbe.

De akkor mi értelme a ragaszkodásnak, az önzésnek?

Miért akarunk mások lenni, mint akik mindig is voltunk?

Bár tetteink hatással vannak magunkra és környezetünkre, mégis, mind a részei vagyunk a szeretet és örök fényesség végtelen tengerének.

Akkor hát miért nem élvezzük utunkat az örökkévalóság partjaiig?

Cseresznyefa virágzás

Egy hét, csak egy hét és már vége is ennek a gyönyörű és varázslatos, illatos és törékeny álomnak.

Múló pillanat. Elillanó boldogság.

Mély fájdalom járja át a szívemet.

Nem, ez nem az elmúlás fájdalma.
Ez a nemlétezés, a soha nem is létezés fájdalma.

Áldott pillanat.
Barátsága szemnek és virágnak.
A visszamerülés a nemlétbe.
Nemlétezése a barátságnak, virágnak és szemnek.

Mi marad amikor a fény visszatér a forrásba?
Mi marad amikor a gondolatok visszatérnek az ürességbe?

Mély fájdalom járja át a szívemet.

És átjár az örökkévalóság szent virágainak és a cseresznyefa szépségének áldása.

Ajánló

Ajánlom ezt a könyvet minden keresőnek, szüleimnek, mestereimnek, barátaimnak és ismerőseimnek, annak reményében, hogy élményeimet, tapasztalataimat és gondolataimat megosztva a segítségükre válik abban, hogy jobban megismerjék önmagukat és ezáltal engem is. Hogy mind képesek legyünk felismerni: „A vízcsepp csak akkor erőtlen, mikor el van különítve a tengertől"!

* * *

Legyen boldog minden lény és rendelkezzen a boldogság okával!
Legyen mentes a szenvedéstől és a szenvedés okától!
Sose váljon el a szenvedésen túli tiszta boldogságtól!
Nyugodjon a nagy egyenlőségben, amely mentes elfogultságtól, ragaszkodástól és ellenszenvtől!

www.ingramcontent.com/pod-product-compliance
Lightning Source LLC
Chambersburg PA
CBHW060425050426
42449CB00009B/2137